The Real Story of YouTube Revolution

YouTube革命者

“異次元”の稼ぎ方

YouTube戦略コンサルタント
菅谷 信一
Shinichi Sugaya

はじめに　～五〇億円を生み出し、更に進化し続けるYouTube戦略～

前著「YouTube大富豪7つの教え」の刊行から一年半が経ちました。

誰でも簡単に出来るスマホ一台の一分動画で、多くの中小企業や個人自営業を窮地から救ってきた「菅谷式YouTube戦略」。

その勢いはとどまるところを知らず、企業に対してもたらした売上の総額は五〇億円を超えました。三年以内にその額は一〇〇億円を超えるはずです。

YouTube戦略の実践成功者から連日のように私の元に届く報告は、体系化された「菅谷式YouTube戦略」の精度を高め、更に進化してきています。

今回、この本では、そのように現在のインターネット社会の中で、最も有効なツールであるYouTubeをビジネスの現場で具体的にどのように活かすべきなのかを、豊富な実例をもとに解説しました。

まず第一章では、中小企業の経営者が陥りがちなインターネットやソーシャルメディア活用の問題点について、チェックリストも交えて点検できるようにしました。これにより、日本のネット社会では常識と言われているものが、中小企業の短期的な業績改善にはいかに不合理であるのかを正しく理解して頂けます。

第二章では、そうした誤った常識を尻目に、総額五〇億円を生み出し、更に進化を続ける「菅谷式YouTube戦略」の全体像と、具体的な実践の進め方について解説します。特に「ランチェスター経営戦略」に裏付けられた経営戦略一体型のYouTube戦略は、小さな会社の経営者には大いに役に立つはずです。

そして、第三章、第四章、第五章の事例では、今回一番伝えたい成功実例を入れました。ただ結果をお伝えするのではなく、成功した要因ごとに分類されたYouTube戦略実践成功者の舞台裏と生の声をレポートしています。

彼らは、いずれもYouTubeを戦略的に活用し、短期間に業績を何倍にも伸ばした経営者です。そして、彼らの実践内容には、各々、新しいYouTube活用のアイデアが織り込まれ、これから実践を始める方には大きなヒントを与えるはずです。

私は動画マーケティングの先進国、アメリカにおける動画マーケティング事情を常に調査していますが、彼ら一〇人のような先端的な活用は世界的にも例がなく、「菅谷式YouTube戦略」がいかにユニークで、世界でトップクラスの中小企業のための動画戦略であるかを物語っています。

彼ら一〇人こそ、小さな会社のネットによる業績改善について、これまでの常識を覆した「革命者」といえます。そして、彼らの稼ぎ方は、従来のネット社会の常識と照らし合わせると、まさに「異次元」の考え方といえます。

ブログのように文章を書く必要がないばかりか、周囲が夢中になっているFacebookには目も向けず、スマホ一台で誰でも簡単にできる一分間の動画によって、短期間に業績を着実に向上させてしまうのですから、革命的な「ネットによる稼ぎ方」であることは間違いありません。

第六章では、今も進化を続ける動画マーケティングや「菅谷式YouTube戦略」の今後の展望をまとめました。


本書は、ビジネス界におけるネット活用に「革命」をもたらす一冊です。

この「革命」により、新しい常識が生まれ、その常識の素晴らしさに多くの人々が感謝し、更に大きな富を手にして、多くの方の人生とビジネスが潤うでしょう。

私たちは、YouTubeという威力抜群のツールがある時代でビジネスができることに感謝しなくてはなりません。

そして、大いなる希望と夢を持って、YouTube戦略に取り組んでいきましょう。
あなたの投稿する戦略的なYouTube動画は、YouTube革命者たちのような別世界への扉を開き、あなたに大いなる富をもたらす可能性を秘めているはずです。

YouTube戦略コンサルタント
菅谷　信一

〔目次〕

第3章　YouTube 第二ステージ戦略【ビジネス戦略編】

第4章 YouTube 第二ステージ戦略【映像コンテンツ編】

第5章　YouTube 第二ステージ戦略【必勝キーワード構築編】

第6章 次の10年勝ち続けるYouTube革命者の条件

第1章

見えてきた！
企業がYouTube戦略で
失敗するパターン

1 毎年、動画元年とネットビジネス界が騒ぐ本質的な理由

私は、インターネット黎明期《れいめいき》の一九九八年ごろからインターネット関連の事業に従事し、その業界キャリアは一八年になります。

インターネットが日本に登場して間もなく二〇年を迎えようとしていますから、その歴史のほとんどを、自身の眼でつぶさに見続けてきたことになります。

瞬時に過ぎ去ってしまった一過性のトレンドもあれば、時間を超越して今日でも生き続けている原則や本質もあります。

ネットコンサルタント業界では、若手の台頭が目立ちますが、私のように二〇年近く、ひとつの業界を見続けてきた人間だからこそ言える「不変の真実」があります。

一九九八年当時、回線や技術の問題からネット上に動画という表現手段が乏しかった時代から、私のプロデュースする公共、民間企業のサイトには動画がふんだんに取り入れられ、多角的な表現によってそれらのサイトは大きな反響を得ていきました。

たとえば、私の住む茨城県のある自治体の観光の広報のために、自然豊かな海、山、川

の恵みを動画を活用して訴えたことで、その珍しい取り組みは当時、注目を集めました。

まだ通信速度の遅いネット環境、YouTubeが登場する以前の限られたプラットフォームなど、いろいろと制約はありましたが、一九九九年にリリースされたアップルの動画編集ソフト「iMovieバージョン１」を駆使して動画の編集に取り組み、業界に先駆けて動画による情報発信に取り組みました。

一五年の時を経て、今も私は「iMovie11」を使用しているので、私を動画の世界に誘ってくれた「iMovie」というツールには不思議な縁を感じます。


また最近の五年間は、主にYouTube動画戦略を中心としたコンサルティングを手がけており、私が提唱する独自の「菅谷式YouTube戦略」により顧客に貢献した売上は五〇億円を超えています。

特にこの二年間では、加速度的にその成果が上がっており、今後も「菅谷式YouTube戦略」による売上は増加を続け、今後一〇年以内に、創出する売上は総額一〇〇億円を超えることでしょう。

このように、私は二〇年近く、「インターネットと動画により利益を獲得する」ことに向かい合い、「インターネット動画」によってご飯を食べてきたと言えます。

私がこの仕事を始めてから今日に至るまで、日本のビジネス界におけるインターネット活用を振り返ってみると、ひとつ明確に言えることは、その歴史は「中小企業が流行に翻弄され続けてきた歴史」でもあるということです。

ホームページ開設から始まって、検索エンジン対策(SEO)、次々と登場するソーシャルメディアに至るまで、多くの中小企業の経営者はそれらに関する情報に踊らされ、利益の創出とは無関係のネット活用に無駄な時間とお金を使い続けてきたのです。

私のような「成果第一主義」のネットコンサルタントは極めて少数派で、流行りもののトピックスで企業を惑わすだけのネットセミナーも後を絶ちません。

そんな光と陰が交錯する歴史をつぶさに見続けてきて、はっきりと分かったことがあります。

それは、企業のインターネット活用において重要なのは、「実証済みのデータと事例を自らの手で築き、そこから導き出された本質・原則」であるということです。

断片的な最新情報や実証が得られていない他者からの情報に依存して、自社のインターネット戦略を構築することの危うさは、言うまでもありません。

ところが、そうした本質に気付く間もなく、日本の経営者たちは、今日もネット上の新たな情報に翻弄され続けています。

毎年恒例になった、「今年は動画元年」という言葉についても、同様です。

「菅谷さん、Facebookの次には何が来るのですか?」

「次に流行するソーシャルメディアは何でしょう?」

と講演会場などで受講者からよく聞かれます。

ビジネスの最前線で戦う経営者が、まるで、来年のファッションのトレンドを予測するかのような会話を交わしているのです。

私が、「日本の経営者のソーシャルメディア活用は女子高生のようだ。」と講演でよく話すのは、そうした理由からです。

今年の正月も、昨年同様にインターネット上の情報には、「今年は動画元年」という言葉が踊っていました。

試しに、「二〇一五年　動画元年」と検索してみてください。たくさんの情報が出てくるはずです。

また、「二〇一四年　動画元年」、「二〇一三年　動画元年」と検索してみても、同様です。

つまり、毎年、日本のネットビジネス界で叫ばれる「今年こそは動画元年」という掛け声は、新たなソーシャルメディアが登場しない主役不在のネットビジネス界で、「流行主義のネットコンサルタント」が動画マーケティングを、その穴埋めの適当なネタとして取り上げている証拠なのです。

なぜ、毎年、「今年は動画元年」と叫ばれているのでしょうか。

それは、私を中心としたYouTube動画マーケティングによる利益創出事例が次第に注目されるなど、多くの経営者がその有効性に気付いているにもかかわらず、圧倒的にYouTubeビジネス活用実践者が少ない現状から、「今年こそは動画元年」という掛け声ばかりが響き渡っているからなのです。

Facebookのように、その日のうちにアカウントを取得して、誰でも簡単に情報を発信できるツールと異なり、YouTubeへの取り組みは、目に見えないハードルがいくつも存在します。

YouTubeはブログとほぼ同時期に世の中に登場したソーシャルメディアです。無料で誰でも利用できるように門戸が開かれている点も同じです。それにもかかわらず、情報発信者の増加の速度に著しい差があるのは、その「目に見えないハードル」の存在が強固なものであることを物語っています。

そのため、今日ではYouTubeはビジネス活用の実践者が圧倒的に少ないソーシャルメディアとして日本のネット社会に定着してしまっているのです。

きっと、来年の正月も「今年は動画元年」という言葉がネット上をにぎわすでしょう。

そして、YouTubeを閲覧するばかりでビジネス活用する経営者が増えない限り、その傾向は今後も続くことでしょう。

そして、その一方でYouTube動画マーケティングの世界では、水面下でまったく音を立てないまま「静かな大成功者」を次々と生み出しているのです。それらの成功者の実態は、私の著書や講演でしか接することの出来ない、一般には見聞きすることの出来ないものなのです。

そうした、YouTubeによって莫大な富を手にしている「YouTube革命者」たちは、「女子高生的ソーシャルメディア活用」をしている多くの経営者を尻目に、今日も独自の動画戦略で利益を積み重ねています。

中小企業の経営者のソーシャルメディア活用、ネット活用は、このようにして大きな情報格差を生み、結果的に大きな業績の格差を生んでいるのです。

ネット上にあふれる情報が玉石混交である以上、取得する情報の真偽、有効性については十分に検証して自社の経営に取り入れなくてはなりません。

または、その情報源が確かなものであるのか、情報発信者が確かな人であるかどうかが、今後ますます氾濫していくネット上の情報を取得する上での最も重要な判断基準になることでしょう。

「実証済みのデータと事例を自らの手で築き、そこから導き出された本質・原則」にこだわり続ける私は、今後も、「一過性の流行」と「実証済みの本質・原則」の違いを著書や講演などで中小企業に訴え続け、中小企業のネット戦略の道しるべとしての役割をしっかりと果たしていく考えです。

2 国内企業を惑わせる動画マーケティングの3つの誤った常識

国内で毎年正月に「今年は動画元年だ」と叫ばれ続け、一向に中小企業に動画マーケティングが根付かないのには理由があります。

新たなメディアが大きく飛躍できるかどうかは、関連業者や業界リーダーが、導入初期において正しい道しるべを示せないことが原因であることが多いのですが、特に日本における中小企業の動画マーケティング活用については、まさしくそれがあてはまるでしょう。

私は著書や講演で繰り返し、中小企業の動画マーケティングに関する基本的な考え方を説いていますが、私などはいとも簡単に飲み込んでしまうほどの誤った常識の渦が、中小企業を次々と侵し続けています。

日本における中小企業の動画マーケティングの発展を阻んでいる3つの要因は、以下の通りです。

☆日本における動画マーケティングの成長を阻む3つの要因
（1）動画編集技術偏重主義による弊害
（2）広告収入獲得主義による弊害
（3）総合的インターネットマーケティング発想の欠如

それぞれについて、説明していきましょう。

（1）動画編集技術偏重主義による弊害

動画マーケティングの発展を阻んでいる最初の要因です。

二年ほど前から、国内各地で「動画マーケティングセミナー」、「YouTubeマーケティングセミナー」が花盛りです。特に、Facebookブームが過ぎ去った後に、次の話のネタとして目をつけた実力、実績のないネットコンサルタントの格好の餌食として、動画マーケティングが使われてしまっているのが実態です。

それが実態とも知らず、一般の中小企業経営者は大切な時間とお金を費やして、「動画マーケティングセミナー」に足を運びます。

そこで繰り広げられているものの典型的なひとつのパターンは、「動画編集講座」なのです。つまり、企業の新規受注につながる戦略とは何ら関係のない、パソコンと動画編集ソフトを用いての動画編集技術講座なのです。

ここでは、当然ですが、最短の時間とコストで企業の業績を向上させるための動画戦略を学ぶことは出来ません。

主催者は、動画戦略によって企業に年商を二倍から五倍ぐらいに成長させたような経験のないネットコンサルタントや映像制作会社であることがほとんどですから、戦略的な動画マーケティングを学べるはずがないのです。

このように、「動画マーケティングイコール動画編集技術」という誤った発想が、中小企業の動画マーケティングの活用を阻んでいるのです。

後から詳しく述べますが、音楽やテロップなどが施された美しい動画が、ネット戦略上、年商規模を変えるような大きな効果をもたらすことはありません。もっと大局的なネット戦略のもとで、動画の活用をとらえるべきなのです。

動画の分野以外でも日本でのインターネットの歴史を振り返ってみると、やはり技術偏重主義の傾向が見られます。ホームページの制作の分野でも、本来重要であるはずのコンテンツの企画や基本戦略がおざなりになり、画面の裏側で動くプログラムやデザイン技術に焦点が当てられことが度々ありました。

技術がマーケティングの主役になることはありません。

いつの時代もマーケティングの根幹は、戦略でありコンテンツなのです。

（２）広告収入獲得主義による弊害

ふたつ目の阻害要因です。

YouTubeには、収益化プログラムというものがあり、自身のチャンネル内の動画が再生され、その動画内に表示される他社の広告が視聴者にクリックされると動画投稿者に若干の手数料が入るというしくみです。

そうしたしくみを利用して、手数料を稼ぐ手法を指導するセミナーなどが多いのも事実です。

たしかに、YouTubeを活用して、楽をして儲ける方法に違いはありませんが、このような実践を続けていても、ビジネスの実力を高めることにはなりませんし、年商を何倍にも伸ばすような威力にも欠けます。

学生や主婦が余暇時間を使って行う「遊び」としてであれば問題ありませんが、業績アップのために経営者が戦略的に行うことでは決してありません。

問題は、そうした小遣い稼ぎ的な手法を教えるセミナーの看板が、「YouTubeセミナー」あるいは「動画マーケティングセミナー」となっていることが多いことなのです。

それらのセミナーは、正しくは、「YouTube広告収入による小遣い稼ぎセミナー」または「YouTubeを使った趣味・余暇活動を充実させるセミナー」なのですから、そうしたセミナーや講演の演題にだまされないように、中小企業の経営者はその内容に十分に注意をする必要があります。

そうした本業の業績をアップさせることと無関係の動画セミナーが主流だと勘違いして、誤った認識を持っている中小企業経営者が多いのは事実です。

私が主宰する「YouTubeアカデミー」というコンサルティングコースで学ばれる方たちのコメントを聞くと、「これこそが動画を活用した正しい稼ぎ方なのですね。」と初めて気付く経営者も多いようです。

私が日本全国、年間五〇回の講演活動をしている理由のひとつは、一度、蔓延してしまったそうした「誤った常識」を覆して、啓蒙をしていくことは私の役目ととらえているからです。

（3）総合的インターネットマーケティング発想の欠如

最後に三番目の阻害要因です。

動画マーケティングは実践すればするほど、動画単体ではなく、動画や他のメディアも絡めた総合的な施策が必要であることが分かります。

たとえば、YouTube動画を視聴者が閲覧して、そこに記載してある企業サイトにリンクして、問い合わせのメールが届くなどのプロセスが考えられます。するると、そのプロセスにおいて、YouTube動画の果たしている役割は入り口の部分だけであり、その後のプロセスがきちんと設計されていないと、当然ですが問合せが来ることはありません。

そのようにネット戦略の全体像を構築することが重要なのですが、特にソーシャルメディアについて中小企業の経営者は部分主義でとらえる傾向にあり、YouTube、ブログ、Facebook、ホームページを各々単独の戦略でとらえて運用している場合が多いのです。

YouTube動画マーケティングが最も効果を発揮するのは、その企業におけるネット戦略の全体が正しく機能した場合です。

ですが、YouTube以外の対策を十分に行わず、そのためにネット戦略全体が十分に機能していないために、「YouTubeでは売上が上がらない」と不満を漏らす経営者もいます。

しかし、そうした結果をもたらしているのはYouTubeというメディアがパフォーマンスを発揮していないのではなく、ひとえに、その企業の総合的なネット戦略が構築できていないことが根本的な原因なのです。ネット戦略を構成する要素は、各々、掛け算で作用していますから、YouTubeが万全であっても、他の要素が〇点では、全体も〇点になってしまう恐れがあるのです。

「木を見て森を見ず」ということがないように、ネット戦略全体の中で、YouTube動画の持つ威力を最大限に発揮させたいものです。

3 ソーシャルメディアの真の評価の仕方

前述の通り、中小企業の経営者のソーシャルメディア活用には明確な方針がない場合がほとんどです。その背景には、経営者が各々のソーシャルメディアの特性を理解していないことがあり、そのため、各ソーシャルメディアの持ち味を効果的に発揮させた活用ができていないのです。

経営者がYouTubeも含めたソーシャルメディアの特性を正しく理解できていないことは、総合的なネット戦略の構築を阻害している大きな要因になっています。

それでは、中小企業の経営者は次々と登場するソーシャルメディアについて、どのような基準で評価をし、取り組めば良いのでしょうか。

代表的なソーシャルメディアである、YouTube、ブログ、Facebookの３つについて、次の三つの観点から比較をしてみます。

(1) Google検索結果への反映
(2) ユーザー人口数の広がり
(3) ユーザー滞留時間

この三つの観点から各ソーシャルメディアを比較し、その特徴を生かした活用法を模索していくことが、中小企業が取るべき戦略といえます。決して、前述のような「女子高生的なソーシャルメディア活用」になってはいけません。

(1) Google検索結果への反映

大好評となった前著「YouTube大富豪7つの教え」(ごま書房新社)でも詳しく解説した通り、YouTube、Facebook、ブログでは、Google検索結果の反映という点で、いくつかの違いがあります。

簡単に説明すると、YouTubeとブログは投稿動画や投稿記事の題名に使われているキーワードがGoogle検索にも評価される一方で、Facebookはアカウントを取得した利用者だけがログインして情報を投稿、閲覧するメディアである性質上、特にユーザーが熱心に情報発信している「個人ウォール」は、Google検索に反映されないのです。

Facebookで Google検索に反映されるのは、Facebookページのタイトルやイベント告知ページのテキストなど限定的です。

まず、自身がソーシャルメディアで発信している情報が、「Google検索に反映させたい情報」なのか、それとも「Google検索に反映されなくても、他者に拡散してもらう目的で発信する情報」なのかを、きちんと区別して投稿する必要があります。

「周囲のみんながやっているから私もFacebookをやろう」とか、「新しくtsu（スー）というソーシャルメディアが登場したから早速やらなくては」などと、そのソーシャルメディアの本質を理解せずに盲目的に取り組むことは、時間の浪費につながります。

YouTubeやブログにおいて、投稿動画や記事のタイトル自体がGoogle検索に反映されるということは、コンテンツもさることながら、そのタイトルに適切なキーワードを選定して設定する必要性があるわけです。

「戦略なきタイトルは、YouTube、ブログの活用にあらず」と私が講演で申し上げているのは、こうした理由からです。

(2) ユーザー人口数の広がり

どんなに優れた特性を持つソーシャルメディアであっても、そもそもそこにユーザーが集積していなければ、効果は発揮されません。そのソーシャルメディアが、どのような市場規模なのか、または市場に認知されているのかについても認識しなくてはなりません。

総務省が発表した「平成二五年版情報通信白書」によると、日本におけるインターネットユーザーは九六五二万人で、実に全国民の約八割はネットを利用していることになります。幼児や老齢者を除くほとんどの国民がインターネットを利用していると言えます。

その中で、YouTubeは月に約四〇〇〇万人が利用しています。一方で、Facebookのユーザー数は二四〇〇万人、ブログは二七〇〇万人です。ただし、ブログについては、ブログ開設者の総数であり、ブログ閲覧者まで含めた「ブログ市場」ということになると、もう少し多い人数かも知れません。

ただ、その数値から言えるのは、YouTubeが圧倒的なユーザー数を誇っているということです。動画投稿者数は全体からすると決して多くないものの、ネットに接続している時間のほとんどをYouTubeの視聴に充てているネットユーザーも多く、今後もYouTubeは一層、国内でも市民権を獲得していくことでしょう。

また、Facebookやブログもユーザー数が多いメディアであることに違いはなく、特にFacebookについては、Google検索上、評価されないものの、情報の拡散の場としては大きな力を発揮するメディアと言えそうです。

昨年末、tsu（スー）という新たなソーシャルメディアが上陸しましたが、実名コミュニケーション型ソーシャルメディアにおいてはFacebookに完全に主導権を握られているせいか、tsuは利用者の獲得に苦戦しているようです。

(3) ユーザー滞留時間

Facebookの滞在時間は一ヶ月平均二〇八分とのことです。一方で、YouTubeは三四〇分、ブログは六二分という調査結果が出ています。調査の測定時期や条件によって差が出てくると思いますが、おおむねソーシャルメディア間の滞在時間の差はそのようなものでしょう。

YouTubeは、Google検索や他のソーシャルメディア経由でアクセスがあり、そこから最低でも約一分の滞在時間が生まれます。文章や画像主体のブログでは、そこまでの滞在時間は生まれません。また、YouTubeは関連動画の表示や再生があることで、更にその滞在時間は伸びる傾向にあります。

今後、更に動画閲覧者だけでなく投稿者が増えて、動画コンテンツが充実してきたり、その他の機能が拡充してくると、結果的にYouTubeの滞在時間は更に伸びることが予測されます。

これからも、ソーシャルメディアの評価基準として、Google検索との相性、ユーザー数だけでなく、その滞在時間にも注目して、そのソーシャルメディアの特性をよく理解する必要があります。滞在時間には、そのソーシャルメディアのコンテンツ伝達上の特性や、魅力度など様々な要因が内包された結果が現れているからです。

これら三つの観点から各ソーシャルメディアを比較してきましたが、ユーザーが多く滞在時間が長いYouTube、拡散力があるFacebookなど各々に特徴があります。

たとえ、Google検索に相性の悪いFacebookであっても、すでにリアルの世界で顔見知りの大量の相手に自身の情報を瞬時に拡散できるのは、独特の持ち味といえます。

一方、YouTubeやブログは直接Google検索に反映されるものの、拡散機能に劣る点は否めません。

中小企業は、それぞれのソーシャルメディアの特長を生かし、それぞれが機能し合い、最終的にネット上で自社の露出拡大、反応の獲得につながるような総合的な戦略づくりに取り組むべきです。

4 ソーシャル富豪とソーシャル貧乏を分けるポイント

これまで述べてきたように、中小企業の経営者やビジネスマンがYouTube動画マーケティングについて誤った考え方を持ったり、各ソーシャルメディアについて正しい認識をしていないことを、ネットコンサルティングに携わる者として非常に残念に思います。

多くの経営者、ビジネスマンは、結果的に大きな利益損失をしていると言えます。そして、その理解の差、認識の差は、次第に大きな格差を生み、更にはひとつの企業を大きく発展させたり、反対に奈落の底に沈ませることになったりするのです。

現在、ソーシャルメディアによって大きな富を生む「ソーシャルメディア富豪」と、ソーシャルメディアに時間とお金ばかりを費やして一円も稼ぐことの出来ない「ソーシャルメディア貧乏」が生まれています。

たとえば、ソーシャルメディアの使い方について、このような一日を過ごしている経営者が、あなたの身の回りにもいないでしょうか。これは、私の周囲にいる典型的な「ソーシャルメディア貧乏」の経営者の一日です。

仮に名前をAさんとしましょう。そのAさんは、克明に日々の出来事をFacebookでつづっています。なので、そのAさんの行動や思考についてFacebookを通してかなり詳しく知ることが出来ます。そして、Aさんの会社の業績についても、確かめようと思えば、企業信用調査会社を使って決算書を取り寄せることだって可能です。

ソーシャルメディアの活用方針と会社の業績の相関関係について、調査することも可能なのです。きっと、そこには興味深いデータが浮き彫りになっていることでしょう。


Aさんの一日は、パソコンを広げてFacebookを閲覧することから始まります。

そして、今日一日の仕事の予定と意気込みを書き込みます。すると、Aさんと同じような「ソーシャルメディア貧乏」の知人たちから、朝の挨拶のメッセージが書き込まれます。

Aさんは、その朝の挨拶に丁寧に返事のメッセージを書き込み、形式的な朝の儀式を一〇名近くの知人と交わします。


Aさんの通勤手段は、電車です。移動中は、スマホでYouTube動画を視聴します。Aさんの好きなサッカーの動画やお笑いの動画を中心に、関連動画に表示される動画を漫然と視聴し、仕事となんら関係のない動画に夢中になるあまり、駅をひと駅乗り越してしまいます。慌てて出社し、午前中は営業です。取引先に到着すると、打ち合わせ内容を忘れまいとノートにペンを走らせて、議事録づくりをします。

Aさんは、会社に戻ると、打ち合わせ内容に基づいて見積書を作り、外出中に届いていたメールに返信したりします。そうしている内に一五時の休憩時間です。気分転換にFacebookを開くと、知人のブログ更新の記事が書き込まれており、その記事を閲覧するうちに、つい過去の記事も読み込んでしまいます。時計は一五時半です。

自分もたまにはブログを更新しようと、最近の出来事を振り返ろうとするのですが、大した仕事をしていないことに気付き、スマホに保存してある愛犬の写真をアップし、なんとか犬ネタで記事を書き終えます。

そうして苦労して書き込んだブログ記事に反応が欲しくて、Facebookに転載すると、朝の「ソーシャルメディア貧乏」の友達から「いいね！」やコメントが届きます。Aさんはそうした反応が嬉しく、コメントの返事や相手の記事への「いいね！」返しに一時間の時間を使い、対応しました。

帰宅途中の電車の中でも、スマホでFacebookとYouTubeの「時間つぶし」です。このようにしてAさんの一日は、今日も終わります。

小耳に挟んだところによると、Ａさんの業績は何年経っても良くならず、今では資金繰りに苦しみ、銀行に駆け込み、大変な思いで経営をしているようです。

なぜ、Ａさんが銀行に駆け込んだことを私が知っているのでしょう。

それは、資金繰りに詰まって銀行に駆け込んだことまで、ＡさんがFacebookで克明に紹介していたからです。

このＡさんの一日の行動を見て、どのようにお感じになったでしょうか。

賢明な読者の皆さんは、大笑いしながらこの一日の様子をご覧になったと思いますが、私の周囲では残念ながら、このような経営者やビジネスマンが多いのが事実です。

最も残念なのは、Ａさんのようなタイプの経営者は自覚症状がないため、同じタイプの経営者たちで群れをなし、傷を舐め合うことで、さらに会社の赤字という傷を深めてしまうことなのです。

このＡさんの一日に続いて、各ソーシャルメディアの誤った使い方の例を示します。

このチェックリスト式の一覧を使って、自身が「ソーシャルメディア貧乏」予備軍に入っていないかどうかぜひ確認してみてください。

ソーシャルメディア貧乏にならないためのチェックリスト

☆ブログ編

- □ ブログは、時代遅れのソーシャルメディアだと馬鹿にして、会社挙げての取り組みをしていない。
- □ きちんとした記事を執筆しようとするあまり、投稿頻度が落ちている、または閉鎖状態になっている。
- □ 記事は熱心に書いているが、記事タイトルが毎回、「今日のできごと」になっている。
- □ ブログの題名が、「あっちゃんブログ」「まーくんブログ」など本業のキーワードが含まれていない題名である。
- □ プロフィール欄、フリースペースなどに自社の紹介や自社サイトのURLが記載されていない。

☆Facebook編

- □ 個人ウォールへの書き込みが、挨拶程度の文章で、コンテンツになっていない。
- □ 自分の投稿への反応が気になり、一時間に一回、Facebookを見てしまう。
- □ 友達のリストの中で半数以上が一度も会ったことのない人である。
- □ 移動時間や待ち時間の時間つぶしとして、Facebookをつい開いてしまう。
- □ 個人ウォールの書き込み内容に、自社サイトやリスト獲得につながる動線が張られていない。

★YouTube編

- □ YouTubeを閲覧するだけで、投稿するなどビジネス活用をしていない。
- □ YouTube活用には動画編集技術が不可欠だと考えている。
- □ ユーチューバーこそがYouTubeで稼ぐ正しい方法だと信じて疑わない。
- □ BGM、字幕などの編集に凝るあまり、動画投稿が一向に進まない。
- □ 検索キーワード戦略とYouTubeは無関係だと思っている。

合計一五個のチェックリストですが、七個以上に該当する方は、ソーシャルメディアに振り回されてしまっている「ソーシャルメディア貧乏予備軍」、一〇個以上該当する方は、残念ながら「ソーシャルメディア貧乏」と言えます。

「ソーシャルメディア貧乏」の大きな特徴は、そのツールの本質を理解せずに利用したり、漫然と閲覧するだけのツールになってしまっていたりして、自社の情報発信力の強化に役立たない使い方をしている点です。

ですが、YouTubeをはじめとするソーシャルメディアの戦略的な活用において重要なことは、決してそれらに関する専門技術の追求ではなく、ポイントを押さえたネットにおける露出、認知から反応に至るしくみづくりなのです。

ソーシャルメディア富豪である「YouTube革命者たち」は、決して技術者集団でも技術オタクでもありません。各々のソーシャルメディアの特性を理解し、その長所を発揮させながら、ネット集客のしくみを上手に構築できた人たちなのです。

そして、彼らのソーシャルメディアに関する嗅覚は研ぎ澄まされているので、たとえ新たなソーシャルメディアが上陸しても決して慌てることなく、冷静に「そのメディアが稼げるメディアかどうか」、「稼げるメディアであれば、しくみにどのように組み込むか」を考え、実際に自社のネット戦略を機能させることができるのです。

次章では、これまで述べてきたような典型的な中小企業経営者、ビジネスマンの誤った動画マーケティング活用、ソーシャルメディア活用とは一線を画して、大きな利益を生み出している「菅谷式YouTube戦略」の実態に触れていきます。

第2章

YouTube戦略は黎明期から成長期へ

1 菅谷式YouTube戦略の3つの特徴

第1章で述べたような中小企業の経営者、ビジネスマンの誤った動画マーケティングに対する認識を尻目に、私の提唱する YouTube戦略「菅谷式YouTube戦略」は、年々多くの実践成功者を生み出しています。

国内には、YouTubeコンサルタントやYouTube専門家を名乗る人が、雨後の筍のように出現していますが、その戦略的な活用により得られた富を比較すれば、彼らと「菅谷式YouTube戦略」との威力の差は明らかです。

私が提唱し続け、数多くの実践成功者を生み出している「菅谷式YouTube戦略」には、次の大きな三つの特徴があります。これらは、他のYouTube専門家には見られない際立った特徴です。

そして、これらのポイントは、今後、黎明期から成長期に差し掛かろうとしているYouTube動画マーケティングの世界で押さえなければならない重要事項として、改めて認識されていくことでしょう。

☆菅谷式YouTube戦略の三大特徴
（1）広告収益化とは無縁で本業の業績を最低二倍にすることを目的としている点
（2）投稿動画の質より数を重視する「大量投稿主義」
（3）ネット戦略全体の中での動画戦略を機能させる点

（1）広告収益化とは無縁で本業の業績を最低二倍にすることを目的としている点

「菅谷式YouTube戦略」のひとつ目の特徴です。

多くのYouTube専門家がまず提唱するのは、YouTubeの広告収益化機能による収入獲得です。

国内のネットビジネス界は、このような不労所得を過剰に評価する傾向があり、自身のビジネスを発展させる戦略的なツールとしてYouTubeを認識していません。

「YouTubeを使って、寝てても月収二〇万円」

という言葉がネット上にあふれ、そうして安易に収入を得る方法に憧れる若者が増えたことから、「小学生の憧れの職業」としてユーチューバーが挙げられていることに、私は大きな違和感を覚えます。

YouTubeがもたらす本来の利益とは、月額数万円のYouTube経由の広告手数料などではなく、YouTubeがきっかけとなり本業の新規受注獲得の増加による業績向上によるものなのです。

私は、スマートフォンの台頭とYouTubeの利用促進の動きを受けて、いち早く「本業の業績を最低二倍にする」ツールとしてYouTube戦略の啓蒙を始めました。

その時期は東日本大震災と同時期ですから、本書執筆時の四年以上前のことになります。

それ以来、何人ものYouTube専門家を名乗る人が登場するたびに、彼らの主張に耳を傾けたり、彼らの教えを受けた方々の感想や意見を聞きましたが、やはり彼らの言う「YouTube戦略」は、YouTube経由の広告手数料獲得のための活動が主眼とされており、本業の売上を飛躍的に向上させるための戦略ではなかったのです。

おそらく、私と他のYouTube専門家とでは、YouTubeというソーシャルメディアを初めて目にしたときの着眼点がまったく異なっていたのでしょう。

私が東日本大震災の一週間前に、初めてスマートフォンを手にしたときの第一印象は、「これはお金を稼ぐ道具だ。決して暇潰しのためのオモチャではない」というものです。

生まれて初めてスマートフォンを手にして、たった一〇秒でそのように実感したのです。なぜならスマートフォンとは、その機械一台で容量の心配をせずに動画の撮影が出来、そのままダイレクトにYouTubeに動画を投稿できるものであったからです。

スマートフォンは、その点において、従来の通信機器の概念を覆すものであったのです。きっと、生まれて初めてスマホを手にして、それを見つめながら目を輝かせる私の姿を見て、ドコモショップのお姉さんは不思議な気持ちになったことでしょう。そこまで感動しながら、スマホを手にしているお客さんは店内に私以外にいなかったからです。

自宅に戻ると、私が真っ先に取り掛かったのは動画の撮影とYouTubeへの投稿です。そして、翌日にその動画がGoogle検索結果の上位に表示されているのを確認すると、私の仮説は確信に変わったのです。

「YouTubeは間違いなく、数億円という富を生み出す道具だ」と。

そして、実際に、更なる仮説と検証を重ねて構築していった「菅谷式YouTube戦略」は、私の著書や講演を通して多くの実践成功者を生み、私の目論見通りに、本書執筆時の二〇一五年六月現在で、「菅谷式YouTube戦略」を通して生まれた富は、総額五〇億円を超えたのです。

「菅谷式YouTube戦略」は、新しいメディアを見たときの第一印象が、その後の行く末を決めた最たる例です。YouTubeを小遣い稼ぎのツールとしてしか見えなかった人には、YouTubeは結局、何年経っても小遣い稼ぎのツールでしかないのです。

会社の利益は、お客様が自社商品、サービスとお金を交換したときにしか生まれません。その原則をよく理解してYouTubeを活用する人であれば、決してYouTubeを小遣い稼ぎの道具として見なさないはずです。

(2) 投稿動画の質より数を重視する「大量投稿主義」

「菅谷式YouTube戦略」のふたつ目の特徴です。

今では、ネット業界で「菅谷式YouTube戦略」を知る人の間では、「菅谷の戦略イコール大量投稿」と表現する人もいます。

もし、「菅谷式YouTube戦略」が、作成する動画の質、特に演出面でのレベルの高さを重視する戦略だとしたら、これほどまでの富を生み出すことが出来たでしょうか。

おそらく、動画の編集時間に労力を割かれ、少量の動画しか投稿できずに、結果的にネット上での露出が拡大されずに問合せや注文の獲得につながらず、そのYouTube戦略は失敗に終わったはずです。

「菅谷式YouTube戦略」は、言い換えれば、ネット上での「露出拡大主義」と言うことも出来ます。

YouTubeのタイトル（題名）がGoogle検索に高く評価される特徴を生かして、より多くのキーワードで自社情報を発信していくことで、相対的な露出度を高めていく戦略ということです。

たとえば、千葉県柏市でリフォーム関係の事業をしている企業があるとします。

現在のインターネットユーザーがGoogle検索に使用する検索キーワードは実に多様化していますから、情報発信する側も、それに応じたあらゆるキーワードを想定しなくてはなりません。

・千葉県柏市　浴室リフォーム　手すり　高齢者向け
・千葉県柏市　南柏駅　キッチン　リフォーム　食洗機付き
・千葉県柏市　外壁リフォーム　塗り壁　短納期

など、押さえるべきキーワードも多様化しています。

このように幅広いキーワードを押さえる考え方を、ロングテールSEO（検索エンジン対策）といいますが、これをYouTubeを用いて徹底して実践している企業が圧倒的に少ないのです。

「菅谷式YouTube戦略」は、従来、一般のホームページなどに用いられていたロングテールSEOの概念を、いち早く、YouTubeに応用して成果を出した戦略と言えます。

インターネットが成熟し、情報の絶対量が天文学的に増加している現在、少量高品質の情報だけでは、それらの情報の渦の中に自社情報が飲み込まれてしまうのです。

そしてインターネットの現状をよく認識した上で、私たち中小企業は的確な情報発信を進めていくべきです。

このようなインターネットを取り巻く状況の変化や進展に伴い、「少量高品質主義」から「露出拡大主義」に方針を切り替えて、ソーシャルメディアの活用も考えなくてはなりません。

(3) ネット戦略全体の中での動画戦略を機能させる点

「菅谷式YouTube戦略」の三つ目の特徴です。

他のYouTube専門家は、YouTube単体での活用を主眼に論理を展開している場合が多く、本来持つネットの拡散力や相乗効果という作用を生かし切れていません。

私の提唱する「菅谷式YouTube戦略」では、YouTubeを起点として、適切なランディングページに誘導したり、情報を拡散する特性に優れている他のソーシャルメディアに転載して作用を広げることまでをカバーしています。


ビジネスは、自社商品やサービスを認知させ、拡散、反応させ、最後に成約に結び付け売上に変えていくものですから、初期の認知だけのためにYouTubeを活用することは、ビジネスの仕組み全体を見た場合に、片手落ちなのです。

もちろん、営業活動の最終段階のクロージングなどではインターネットの手から離れて、営業マンの人的なパワーに依存する面があることは否めませんが、それ以外の多くの場面でネット営業は経営者や営業マンの代わりとなる役割を果たさなくてはなりません。

また、最新の報告によると、「菅谷式YouTube戦略」を実践する経営者の中で、そのクロージングの場面にまでYouTube動画を活用して成功を収めている事例まで登場し、そうなると受注獲得に至るほぼすべてのプロセスをYouTubeで対応が可能になるといえます。

後で詳しく述べるYouTube動画の三つの活用法に代表されるように、的確に営業活動の各場面でYouTubeを活用する点が、「菅谷式YouTube戦略」の大きな特徴のひとつであることは間違いありません。

これら三つの特徴がある「菅谷式YouTube戦略」ですが、総額五〇億円という成果もさることながら、国内のネットコンサルタントの中でも極めて独自性の高い理論である点が、大きな注目を集め続けている理由です。

そして、この戦略は、多くの実践成功者からの情報提供、実践報告により精度を高めながら発展し、更なる完成形を目指していくことでしょう。

2 ランチェスター経営戦略とYouTube戦略は表裏一体

講演やコンサルティングの現場で感じることですが、中小企業の経営者は、ネット戦略と経営戦略を分離して考える傾向があります。ネット関係のセミナーに参加しているときの思考と、経営戦略を学んでいるときの思考が、リンクしていないのです。

本来、YouTubeのビジネス活用は、経営戦略に基づいたものであるべきですが、こうした傾向は、当然ながら企業のネット活用における成果を低迷させるだけでなく、経営的にも業績悪化をもたらします。

私が代表理事を務める「一般社団法人竹田ランチェスターアカデミー」は、中小零細企業、いわば弱者が経営において、いかに合理的な勝ち方をするか、そのルールを習得することをテーマとした月例勉強会です。

この勉強会では、私の経営戦略の師、竹田陽一先生（ランチェスター経営株式会社）の教えである「竹田ランチェスター」を学び経営の現場で応用して実際に業績を伸ばした経営者の体験報告と、竹田先生の学習教材ＤＶＤをともに視聴し、意見交換をする場として多くの熱心な経営者が集っています。

ネットコンサルタントの私が、なぜこのような経営戦略に関する勉強会を主宰しているかというと、YouTube動画などネットの戦略策定において、その成否を左右するほど重要になるのは、「弱者の戦略」を基本とした経営戦略だからです。

「経営戦略なきYouTube実践は、遊びに過ぎない」

私が講演などでよく言う言葉です。

経営の基本戦略が間違ったまま、そのビジネスをYouTubeで展開しようとしても業績向上には結びつかないのです。

竹田ランチェスターでは、業績を決定する経営の八大要因として、以下の内容を掲げています。

■竹田ランチェスターにおける経営の八大要因

（1）商品対策（商品、サービスの何にテーマを絞るか）

（2）エリア対策（商圏エリアをどこに絞るか）

（3）客層対策（どのような会社か客層に絞るか）

（4）営業対策（どのような方法で新規客を獲得するか）

（5）顧客対策（どのようにリピート促進をするか）

（6）財務戦略（どのようにお金を使うか）

（7）組織戦略（どのような人材・組織で取り組むか）

（8）時間戦略（どのように時間を使うか）

この八大要因の中で、「（1）商品対策」から「（5）顧客対策」までの五要素を「お客様づくり」と呼び、特に小さな会社の業績の八割を決定づける重要な要素になります。

私がネット戦略の策定において特に重要視するのが、「（1）商品対策」、「（2）エリア対策」、「（3）客層対策」の三要素です。

つまり、YouTubeなどネットで営業展開を図ろうとする中小企業が、「どの商品を」、「どの商圏エリアで」、「どのような客層ターゲットに対して」訴求していくのかを明確にするプロセスが、活動展開の原点になるのです。

商品、商圏エリア、客層ターゲットの三点において、「どのような切り口であれば自社が一位になれるのか」を考えることは、経営の原点でもあります。

商品、商圏エリア、客層ターゲットの三点において、その狙いが明確な企業と、不明瞭な企業では、YouTubeの実践内容や業績にも大きな差が生まれます。

このように、商品、商圏エリア、客層ターゲットの明確化と「一位づくり」の戦略検討が、YouTubeなどネット戦略の方針に反映されます。

つまり、ネットによる情報発信は、数ある同業他社と比べて自社が、これらの三つの観点から「どのようにライバルと比較して優っているのか、異なっているか」を明確にし、経営の方向性を決定づける活動なのです。

この戦略策定の工程は、自社の売り、強み、ＵＳＰ（自社だけができる独自の販売提案）

の要素についてさらに精度を高め、経営戦略レベルでの映像訴求ポイントを明確化していく作業となります。

この工程は、自社が、商品・サービス、商圏エリア、客層ターゲットのどの分野で勝負を仕掛けていくのかを、経営レベルで決定する重要なステップです。

その中で、「この切り口では1位である」と言い切れる商品・サービス、商圏エリア、客層ターゲットを絞り込むことができれば、「竹田ランチェスター」で説明されているように、二位以下の会社に対して大きな差をつけることができるのです。

3 YouTube動画三段活用で顧客を獲得する

「竹田ランチェスター」に従い、ビジネスの方向性が定まったら、いよいよ動画投稿の段階に入りますが、「菅谷式YouTube戦略」では、投稿する動画には三つの活用法があることを説いています。

「菅谷式YouTube戦略」における動画の三段活用は以下の通りです。

☆菅谷式YouTube戦略における動画三段活用
（１）露出拡大用動画　（検索エンジン上、露出拡大を目的に大量に投稿する動画）
（２）コンテンツ動画　（専門知識を活かした定期連載企画的な動画）
（３）プロモーション動画　（サイトのトップに掲載したり、YouTubeチャンネル紹介動画として用いる比較的長編の動画）

よく、読者や講演受講者から聞かれる質問に、「YouTube動画投稿で重視するのは、数ですか質ですか。」というものがあります。

もちろん、ネット上の露出拡大のためには大量に動画を投稿することは重要ですが、それだけでは、総合的な動画戦略を構築することにはなりません。

動画は適材適所の考え方のもと、ネット営業戦略上、適切な場面で適切な動画を使わなくてはなりません。

（１）露出拡大用動画（検索エンジン上、露出拡大を目的に大量に投稿する動画）

まず、一番目の「露出拡大用動画」についてです。

これは、「菅谷式YouTube戦略」の基軸ともいうべき動画の活用法です。後から詳しく述べる、自社に関するキーワード分析から生まれる言葉を効果的にタイトルに使うことで、Google検索上でできるだけ多くの検索キーワードで露出拡大を図っていくための動画です。

動画の長さは一分程度とし、動画の編集は重視せずに、自社にとり撮影しやすい題材をやや画一的になっても継続的に投稿していきます。

その結果、Google検索で、より幅広い検索キーワードにおいて自社の発信する動画が検索結果に表示されるようになり、競合他社と比較して、検索エンジン上の自社のシェアを圧倒的に向上させることができるのです。

三つの動画活用法のうち、この「露出拡大用動画」が、「菅谷式YouTube戦略」の最も特徴的なものであり、他のYouTube専門家にはない概念でもあります。

(2) コンテンツ動画（専門知識を活かした定期連載企画的な動画）

二番目は「コンテンツ動画」です。

これは、一番目の「露出拡大用動画」などから誘導する動画のひとつで、YouTube上に、週に一回程度、定期的に投稿する動画になります。

この動画は、五分から一〇分程度の長さで、経営者や社員が登場して自社の持つ専門知識を活かした内容の動画とします。

ちょうど、週刊誌や月刊誌の定期連載企画のようなもので、シリーズ化されたコンテンツをイメージするといいでしょう。


この「コンテンツ動画」は、Google検索に大量のキーワードで露出させることを目的としている「露出拡大用動画」とは異なり、その動画自身はGoogle検索にあまり反映されないものの、自社の持つ持ち味や専門性、経営者や社員の人間性を伝えることを主眼として、継続的に信頼性の獲得を目的とした動画になります。

これらの動画は、その会社の固定ファンの獲得に役立っています。定期的に発信される動画であることから、YouTube上のファンである「チャンネル登録者」はその更新を楽しみに待っていることが想像できます。

(3) プロモーション動画（サイトのトップに掲載したり、YouTubeチャンネル紹介動画として用いる比較的長編の動画）

三つ目の動画活用法は、「プロモーション動画」です。

この動画は、一〇分前後の長さで、じっくりと自社の商品、サービスの特徴を紹介したり、会社の全容が理解できるような構成で作成します。

この「プロモーション動画」は、ホームページのトップページに埋め込んだり、YouTubeチャンネルのトップにチャンネル未登録者向けに表示される「チャンネル紹介動画」として活用します。

戦略的な動画の活用ができていない企業は、ネット上の動画活用というと、まずこの「プロモーション動画」のことを思い浮かべ、その制作に多くの費用と労力を使います。

ですが、「プロモーション動画」は、このようにネットにおける動画戦略のほんの一部に過ぎず、それ単独で業績向上に寄与する性質のものではないのです。


最後に「菅谷式YouTube戦略における動画三段活用」をまとめます（**図解・1参照**）。

まず、「露出拡大用動画」によってGoogle検索上の露出が高まり、自社を対策前の何倍にも認知してもらう効果が生まれます。

そして、ネットユーザーは、その「露出拡大用動画」として投稿されるYouTube動画の説明文欄に連絡先や自社サイトのＵＲＬとともに記載される「コンテンツ動画」のＵＲＬをたどって、定期連載型のやや中身の濃い動画にたどり着きます。

（図解・1）菅谷式YouTube戦略における動画三段活用

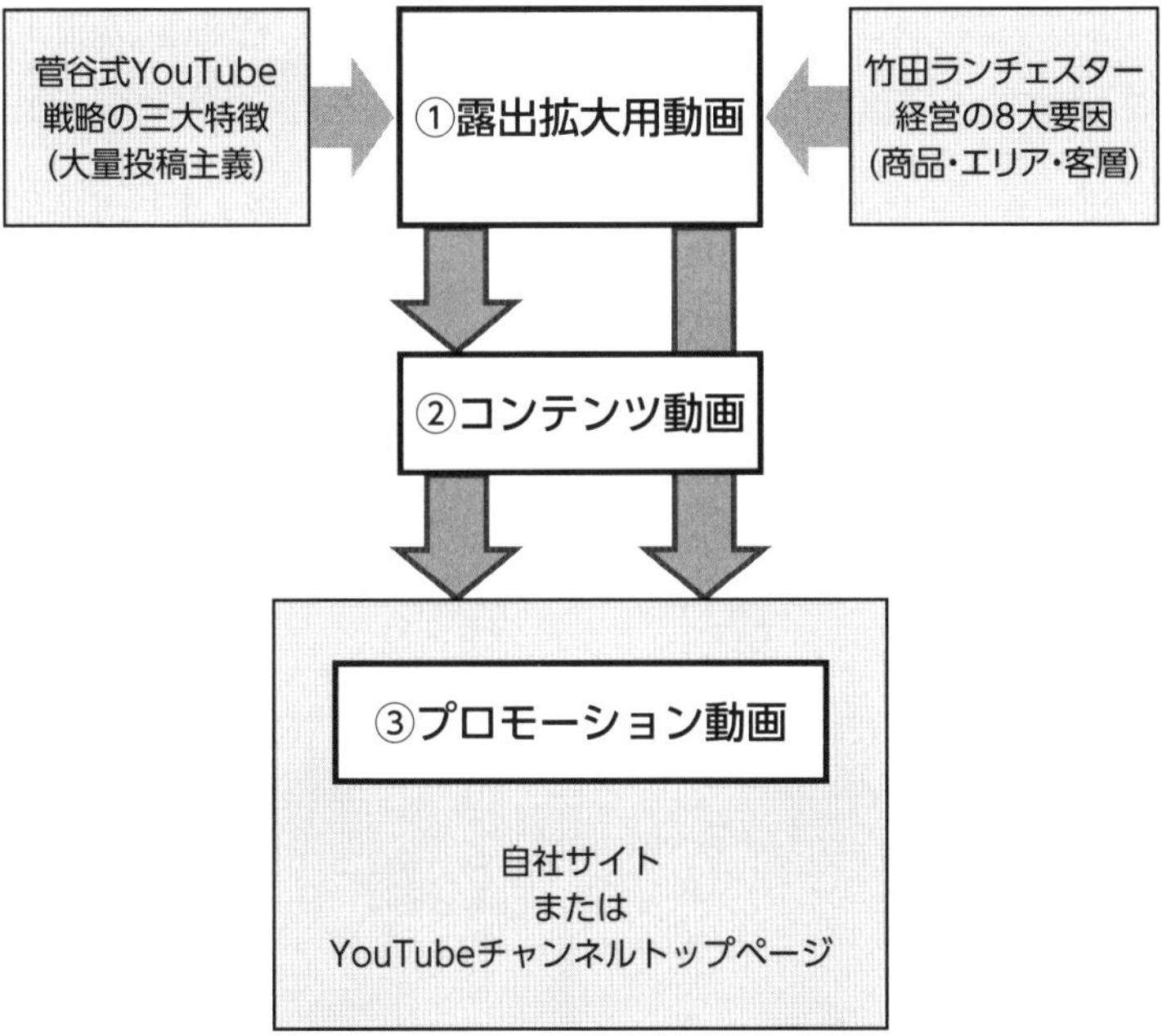

また、同時に、「露出拡大用動画」や「コンテンツ動画」として投稿されているYouTube動画の説明文欄に記載されている自社サイトのURLをたどって、自社サイトのトップページに埋め込まれている「プロモーション動画」に誘導されます。

そこでアクセス者は、その会社の全容を理解し、自社サイトのコンテンツへスムーズに誘導されるのです。

「コンテンツ動画」によって、自社への親近感や信頼感が醸成されていますから、自社サイトにたどりついたときに、問合せや注文が生まれる可能性が高まり、結果的に反応率が高まります。

このように、YouTubeを起点としたネット戦略の各場面で適切な動画を使い分けて活用することが、最終的に大きな利益を生むのです。

YouTubeによって数億円の富を築いた「YouTube革命者達」は、すべてこのような動画活用の全体像を理解した上で、ネット戦略を展開していったのです。

4 成熟するユーザー環境に応じた戦略的キーワード対策

前節で説明した「露出拡大用動画」で最も肝心なのは、そのYouTube動画のタイトルです。Googleは、YouTube動画のタイトルを検索対象として評価する特性があることから、特に「露出拡大用動画」では、動画の内容ではなくそのタイトルにどのようなキーワードを織り込むのかが重要になります。

仮に、一年間で一〇〇〇、二〇〇〇と大量に動画を投稿したとしても、そのタイトルに適切なキーワードが織り込まれていなければ、ネット戦略上は何の効果も発揮しません。その意味では、YouTube戦略は、実質的にキーワードマーケティングとも言える手法なのです。

現在のネットユーザーは、固有名詞で検索する場合以外は、検索窓の中に複数の具体的なキーワードを入力する傾向があります。

たとえば、「ネイルサロン」と検索するよりも、「ネイルサロン　仙台市　初回お試しキャンペーン」などと、地域名や求めている具体的なサービスを言語化して入力するわけです。

特に、平成一〇年ごろから公立の小学校でもWindowsのパソコンを用いた学習が始められたことから、現在の一八歳は小学生の頃からパソコンを使い続けた「パソコンのベテラン」です。図書館に行く代わりにネットで調べごとをして宿題を仕上げた世代です。彼らは生活の中にネットが浸透しており、ひとことで言えば、「検索慣れ」しているのです。もちろん、検索窓には、私たちが想像する以上に具体的なキーワードを入力します。今後、そうした若年層に見られる傾向が年々、一般的な傾向としてネットユーザーの動向に反映されていくと考えられます。

私たち経営者やビジネスマンは、そうしたネットユーザーの大きな流れを読みながら、彼らが検索窓に入力するキーワードを先回りしてリストアップし、自社が発信するYouTube動画のタイトルにそれらのキーワードを反映させなくてはなりません。

私が指導している顧客が発信するYouTube動画の効果的なタイトルの事例を示します。

■海釣り初心者必見の動画！金丸釣り具店　大洗港、（サビキ釣り）

■ブランドダイヤモンドからオリジナルの指輪まで水戸の婚約指輪

■フランスパンの作り方　強力粉を使う場合　天然酵母 パン教室　鶴見

これらのYouTube動画は、それぞれ「大洗　釣具　初心者」、「水戸　ダイヤモンド　婚約指輪　オリジナル」、「フランスパン　天然酵母　パン教室　鶴見」とGoogle検索した際に上位表示を達成しています。

私が主宰するYouTube戦略の個別コンサルティングサービス「YouTubeアカデミー」では、徹底して個別の企業の事情や事業戦略に基づいて、効果的なキーワードの検討に多くの時間を割いているのです。

私がコンサルティング指導の現場で勧めている、戦略的キーワードづくりのプロセスは以下の通りです。

☆菅谷式YouTube戦略におけるキーワード策定方法
（１）三次元思考法によるキーワードのリストアップ
（２）ターゲット別キーワード展開
（３）YouTubeタイトル設定のための組み合わせ展開

（1）三次元思考法によるキーワードのリストアップ

まず、最初のステップである「三次元思考法によるキーワードのリストアップ」です。戦略的キーワードの「三次元」とは、「重点キーワード」、「属性キーワード」、「市場ニーズ型キーワード」の三つです。

無数に挙げられる自社商品、サービスに関するキーワードを整理しながらリストアップすることで、次のステップである「ターゲット別キーワード展開」や「YouTubeタイトル設定のための組み合わせ展開」をスムーズに行うことができるのです。

三次元思考法の一番目は「重点キーワード」です。

これは、自社の商品、サービスを端的に表現した言葉のことです。中古車販売店であれば、「中古車」、「自動車」であり、住宅販売会社であれば、「新築住宅」や「マイホーム」のような言葉です。

たとえば、工務店を営んでいる小さな会社があるとします。

その工務店がネット戦略を練る際に、対策すべき重要キーワードとして絶対にはずせないものは、「新築住宅」「マイホーム」のような、検索上、基軸となる言葉です。

この「重点キーワード」はある程度、絞ってリストアップし、最大で五つ程度に抑えて想定すべきです。

三次元キーワード思考法の二番目は、「属性キーワード」です。

「属性キーワード」とは、重要キーワードについてさらにその性質や特徴を加えるような細かな言葉です。

たとえば、工務店であれば、「二世帯」、「バリアフリー」、「自然素材」、「総レンガ張り」などの言葉です。また、「千葉県柏市」や「みなとみらい駅周辺」など地域に関するキーワードも属性キーワードといえます。

属性キーワード単体では検索の際に使用されないものの、重要キーワードに付随して使用される可能性のあるキーワードのことになります。

「菅谷式YouTube戦略」の成否を分けるポイントのひとつとして、この「属性キーワード」をバリエーションに富んだ形でリストアップできるかどうかが挙げられます。

三次元キーワード思考法の三番目は、「市場ニーズ型キーワード」です。

これは、「重点キーワード」、「属性キーワード」とは別の視点で抽出するキーワード思考法です。ビジネスを経営する側の視点ではなく、市場が求めるニーズをネット上や経営の現場から探り、それをキーワード化する思考法です。

たとえば、ネット上には、ヤフー知恵袋のようなQ&Aサイトがあります。それらのQ&Aサイトには、ビジネスから冠婚葬祭、生活マナー、電気製品の使い方まであらゆる疑問に対して専門家や詳しい知識を持つ人が回答した内容が掲載されています。

そのQ&Aサイトの検索窓に、自身の商品、サービスに関するキーワードを入れて検索してみると、まさに市場が「このようなことで困っている」、「このような疑問がある」といった商品、サービスに関するニーズがあふれているのです。

たとえば、ヤフー知恵袋で「肩こり」と検索すると、実に六万七〇〇〇件の質問と回答が掲載されています。整体院を経営している方であれば、ここに掲載されている内容を抽出することにより、より市場性の高いキーワードが得られることになります。

(2) ターゲット別キーワード展開

このような三次元思考法により、より多角的な視野でリストアップしたキーワードを用いて、「菅谷式YouTube戦略におけるキーワード策定方法」の二番目のステップである「ターゲット別展開」に進みます。

二番目のステップである「ターゲット別展開」では、一番目のステップである「三次元思考法によるキーワードのリストアップ」で得られたキーワードを、より具体的に類型化したお客様のタイプにより分類して、展開していきます。

たとえば、和菓子の製造販売をしている会社があるとします。

和菓子が購入される場面としては、「店頭販売での自宅用」、「店頭販売での贈答用」、「通販でのお歳暮用」、「通販でのお中元用」などといくつかの購入パターンが想定できます。

第一ステップでリストアップされたキーワードを、それらの購入パターンにおいて、どのパターンに用いられるものなのかを分類して、シート別に記載します。

そして、購入パターン別に、リストアップされたキーワードから連想されるキーワードを更にリストアップしていき、多角的でモレのない完成度の高いキーワード群を構築していきます。

(3) YouTubeタイトル設定のための組み合わせ展開

「菅谷式YouTube戦略におけるキーワード策定方法」の仕上げのステップは、「YouTubeタイトル応用への組み合わせ展開」です。

第一ステップ、第二ステップを経て、実に多くのキーワードが抽出できるわけですが、これらを用いて、最終的なYouTubeのタイトルに設定するキーワードの組み合わせ候補を作っていきます（図解・2参照）。

第一ステップと第二ステップを通してリストアップされたキーワードは、いわば「部品」です。この第三ステップでは、部品を組み合わせて、様々なYouTubeタイトルという「製品」を作っていきます。

たとえば、さきほどの和菓子屋さんであれば、次のようなYouTubeタイトルのパターンが考えられます。

■和菓子製造販売会社のYouTubeタイトル例

・和菓子　横浜市青葉区　人気店　口コミ　（店頭販売での自宅用）
・和菓子　手作り　母の日　ギフト　（店頭販売での贈答用）
・和菓子　通販　お歳暮　送料無料　（通販でのお歳暮用）
・和菓子　通販　お中元　人気ランキング　（通販でのお中元用）

いずれも、第二ステップの「ターゲット別展開」によって、具体的な顧客像を想定しながら精度を高めたキーワードを使用して、効果的な組み合わせのパターンが考えられてい

（図解・２）菅谷式YouTube戦略におけるキーワード策定方法

①三次元思考法によるキーワードピックアップ

重点キーワード

（検索上、基軸となるキーワード。

例：和菓子）

属性キーワード

（重点キーワードの性質・特徴を表現したキーワード。

例：お歳暮、通販）

市場ニーズ型キーワード

（Q&Aサイトなどにある市場の疑問･質問･ニーズを表現したキーワード。

例：「お中元にぴったりな夏らしい和菓子とは？」）

↓

②ターゲット別キーワード展開

「来店型顧客」、「通販型顧客」、「贈答品を購入する顧客」など
想定される顧客ターゲットにより
上記①のステップでピックアップされたキーワードを更に展開。

↓

③YouTubeタイトル設定のための組合せ展開

上記①②のステップでリストアップ、展開されたキーワードについて
YouTubeのタイトルに設定することを意識して、
3つから4つの組み合わせのパターンを策定。

例：「和菓子　横浜市青葉区　人気店　口コミ」

ます。

YouTube戦略の要である「戦略的キーワード対策」では、このように、単に事業者目線でキーワードを羅列するのではなく、その抽出過程において顧客目線というフィルターを通して精度を高め、YouTube内で活用される際により高い反応を得られるものにしていく必要があるのです。

5 総合的なネット戦略と動線づくり

自身の事業を経営戦略的に分析し、また的確なキーワード対策が施されたYouTube投稿によって圧倒的な露出拡大が実現できたとして、次の課題は、それらのYouTube動画から自社サイトや自社発信情報への適切な動線づくりです。

その動線づくりに加えて、たどり着いた自社サイトのコンテンツに自社の競争優位性が十分に表現されたコンテンツがあることで、私たちの最終的な目的である問合せや注文を獲得することができるのです。

また、YouTube動画を機軸とした情報の展開法も、私がコンサルティングの現場でクライアントに指導しているものです。

YouTube投稿が継続的に実施されると、それに伴い他のソーシャルメディアの運用がスムーズに動き出すことが多いのです。それらの関連ソーシャルメディアの活用も含めて、総合的なネット露出拡大を高めていくことも重要なポイントになります。

つまり、YouTubeを軸とした総合的なネット戦略で重要なポイントは以下の点になります。

> ☆YouTubeを軸とした総合的なネット戦略の重点ポイント
> （1）自社サイトへの動線づくり
> （2）自社サイトのコンテンツ企画
> （3）YouTubeから展開する関連ソーシャルメディアの運用

（1）自社サイトへの動線づくり

まず、最初の「自社サイトへの動線づくり」です。

YouTube動画には、その動画再生部分の下部に数行の説明文を表示できるスペースがあります。その説明文欄を効果的に使用することが重要になります。

もし、この説明文欄が空欄であったり、自己満足型の文章だけが表示されていたとしたら、YouTube戦略における動線づくりは明らかに失敗と言えます。

なぜなら、Google検索に反映されたYouTube動画が再生され、その動画に関心を持った閲覧者が「この企業に問合せをしてみたい」と思ったとしても、そこから先の道筋がまったく画面に示されていないからです。

説明文欄以外にも、アノテーションと呼ばれるリンク設定の機能もありますが、これはスマホ対応の機能ではないので、動線づくりとしては不十分です。かわりに最近YouTubeが追加した「カード」という機能を用いてスマホ対策の動線づくりが可能ですが、やはり一番シンプルで効果的な方法は、説明文欄に自社サイトのＵＲＬや連絡先を表示させることです**（図解・3参照）**。

（図解・3）動画下部の説明文欄

説明文欄に、自社の連絡先、住所や自社サイト、ブログのURLを3行以内で表示する。

(2) 自社サイトのコンテンツ企画

「YouTubeを軸とした総合的なネット戦略の重点ポイント」の二番目のポイントは、「自社サイトのコンテンツ企画」です。

より多くの反応を得るためにホームページに掲載すべきコンテンツの構築の具体的な方法については、私が昨年刊行した「小さな会社の魅力と集客が一〇倍になるホームページのつくりかた」(ソシム刊) に詳しく書かれていますので、じっくりと取り組みたい方は、そちらを参考にして下さい。

「自社サイトのコンテンツ企画」の最重要ポイントは、提案商品の多角的な情報開示と、信頼の裏づけとなる情報です。

情報が加速度的に増加している現在のインターネットの世界では、自社商品に関する表面的な情報だけでは、アクセス者に対して淡白な印象を与えるばかりか、見込み客の離脱を促すことになってしまいます。

また、信頼の裏づけとなる情報は、「お客様の声」、「推薦者の声」や受賞歴の掲載など具体的なコンテンツ案が考えられますが、それらの情報の数と質が問われる時代になっています。私たちには、成熟したネット社会で情報を発信し、お客様からの信頼を獲得する役目を担っているという自覚が必要なのです。

前述した「プロモーション動画」については、自社サイトのトップページの目立つ位置に掲載し、コンテンツを更に充実させる効果を狙うのが理想です。

(3) YouTubeから展開する関連ソーシャルメディアの運用

「YouTubeを軸とした総合的なネット戦略の重点ポイント」の三番目のポイントは、「YouTubeから展開する関連ソーシャルメディアの運用」です。

ネット上の露出拡大重視の「菅谷式YouTube戦略」では、YouTubeと相性の良いソーシャルメディアとして、ブログを勧めています。

ブログが長続きしない方でも継続的に運用を続けられるひとつの方法が、YouTubeを起点としたブログ記事投稿です。しかも、その運用の結果、ネット上の露出拡大を何倍にも大きくすることが出来るのです。

「菅谷式YouTube戦略」におけるブログ運用術とは、ひとつの記事にひとつのYouTube動画を埋め込み、テキストの記事は二、三行に抑えるという投稿スタイルを中心としたものです。

その投稿スタイルであれば、文章を書くのが苦手な方も、難なく記事を投稿することができ、長続きするのです。

Google検索におけるブログの重要ポイントは、その記事タイトルです。記事タイトルに使用されているキーワードをGoogleは重視するために、その記事タイトルにターゲットとするキーワードを意識してちりばめるのです。

ブログの記事本文を一生懸命書いた長文の記事よりも、Google検索上の効果は、記事タイトルさえ誤らなければ、YouTube動画埋め込み主体の「手抜き記事投稿」の方が高く評価されます。

そのように、Googleやブログの特性をよく理解して運用すると、YouTube動画起点のブログ運用が、文章主体のブログ運用と比べていかに効果的かが分かります。

YouTubeの露出拡大を二倍にも、三倍にもその効果を大きくするためのブログ運用術は、コストゼロで実践でき、YouTube投稿にひと手間加えるだけでできる展開法なので、このブログ展開までも含めた活動を「菅谷式YouTube戦略」として実践していただきたいと思います。

「YouTubeから展開する関連ソーシャルメディアの運用」は、労せずにネット上の露出拡大にレバレッジをかけてくれる重要なポイントになります。

第3章

YouTube
第二ステージ戦略
【ビジネス戦略編】

ビジネス戦略・成功事例1

(株)MURATA　村田豊さん
「三年で売上六倍になった板金業の組織戦略」

茨城県水戸市で板金工事業を営む(株)MURATAの村田豊さん(四四歳)は、二〇一一年の東日本大震災以降、中小企業の業績が低迷する北関東地区の中でも、YouTubeの戦略的な活用により目覚しい業績アップを果たした経営者として地元で注目を集めています。

村田さんは、中学卒業後、先輩からの誘いを受けて、建築業界に入りました。和食の料理人の家庭に育ったにもかかわらず、

●代表的なYouTube動画

YouTube内で「雨漏り茨城　スレート屋根」で検索。

地元の地域名をターゲットキーワードとして、材料や作業の過程が理解できるように現場の臨場感を伝えている。

見ず知らずの建築業界に飛び込み、現場で仕事をしていくうちに、建築の仕事に対する興味が次第に芽生えてきました。

完全に未経験の状態で入社したその会社では、結果的に一五年間勤務し、村田さんは外装に関する様々な技術を習得していきました。その会社の経営者や上司が積極的に若い村田さんに仕事を与え、現場経験を積ませたのです。

一五年の間には、一般の住宅だけでなく店舗、工場、伝統建築で難易度が高いといわれているお寺など、あらゆる建築物に携わりました。それらの多様な建築物の外装に携わったことが村田さんを大きく成長させます。

建築業の中でも、村田さんの携わる板金業は特殊な仕事です。板金業という外装工事では、屋根や壁を張ったり、雨樋いをかけたりなどの仕事があります。また、ステンレスの厨房関係の仕事をすることもあります。

村田さんは、周囲の職人たちとコミュニケーションを取りながら、次第に会社でリーダー的存在になる中で、技術的にも雨漏りをしないように建物の細部にも配慮しながら外装の工事技術を習得しました。

そして、平成一五年、三二歳のときに独立開業。前職で共に働いていた弟、仲間と三人での門出です。

開業資金もゼロの状態での開業で、村田さんの家の庭にプレハブを建てて、部品の加工などを行う仕事場を設けました。

当時の村田さんの仕事は、下請け業務の中でも「手間受け」と呼ばれる建築の中でも最下層に位置する仕事でした。

「手間受け」とは、住宅会社から依頼を受けた業者から頼まれ、一日あたりの決まった日当をもらい、職人の手だけを現場に貸しに行くという仕事の形態です。何の付加価値もありません。

創業当時、営業力がまったくなかった村田さんは、その「手間受け」の仕事を担当するだけで精一杯で、生活するのがやっとの状態。仕事に必要な電動工具や機械を買う余裕などまったくありませんでした。

次第に、住宅会社から仕事を直接頂けるようになりましたが、それでも下請け中心の体質には変わりがなく、価格決定権もないことから、中には工事が始まる前から赤字と分かっている仕事もありました。

夢と希望を持って独立開業した村田さんでしたが、平成二〇年までの六年間はそのように泣かず飛ばずの大変な状態が続いたのです。

「このままでは社員ふたりに給料を払うのもままならない。月末にはお金が足りなくなって銀行に駆け込む有様だ。きちんとした給料を払って、会社を存続させるためにも何か新しいことにチャレンジしなくては。」

そう考えた村田さんは、様々な業界団体などに参加し、積極的に交友関係を広げていくと、あるとき興味深いビジネスと出会います。

それが、「雨漏り修理工事業」の仕事です。

雨漏り修理は、クレーム率が高い仕事として知られています。そのため、建築業界でも積極的に参入する人がいない状況でした。

しかし、村田さんは、建築板金業界歴二〇年の経験で、雨漏りのメカニズムを熟知していたので、その知識と技術を活かそうと考えたのです。

雨漏り修理に関しては、専門の業界が確立されておらず、また業界の技術レベルが高くないことから、自分の技術が自信を持って生かせるジャンルだと感じたのでした。

村田さんは、二〇〇九年に「雨漏り修理専門会社」として会社の舵を大きく切りました。

地元の水戸市を中心に、一軒一軒、誠実に雨漏り修理の工事に向かい合った村田さんは着実に地元で信用を深めていきます。

今まで以上に雨漏り修理業をアピールして、会社を立て直していこうと考えていたときに、村田さんは、『菅谷式YouTube戦略』に出会いました。


最初は、村田さんはYouTube動画に関心がなく、私からYouTube戦略の話を聞いても、「このYouTube戦略を建築業界にどのように活かせばいいのだろう」と疑問を持っていました。YouTube動画を現場で撮影することと、雨漏りの仕事を獲得することが頭の中でつながらずに、その全体像が理解できなかったのです。

「とにかく現場を撮影してYouTubeに動画を投稿してみましょう。」

そんな私の言葉に背中を押されて、村田さんは頭の中が整理できないまま、工事現場で動画の撮影とYouTubeへの投稿を手探りで始めます。

しかし、村田さんが現場で撮影したわずか一分の動画をYouTubeに投稿してみると、翌日にはGoogle検索の上位にそのYouTube動画が表示されました。

「これだ。うちの会社の露出がアップするし、これは重要な営業戦略だ。」

と実感した村田さんは、このYouTube戦略に注力することにしたのです。

村田さんが本格的にYouTube戦略に取り組み始めると、次第にネット経由での問合せが増えるようになりました。

たとえば、「雨漏り　水戸」とGoogleで実際にお客様が検索したときに、上位に村田さんの現場の動画が表示されるので、お客様から直接問い合わせの電話がかかってくるようになったのです。

手ごたえをつかんだYouTube戦略を更に加速させるために、村田さんは全社を挙げてYouTube戦略に取り組むことにします。

村田さんひとりでは、雨漏り修理の現地調査のときや、村田さん本人が作業する現場を撮るなど撮影題材が限定的だったためです。

徹底して全社的にYouTube戦略を実践すると決意した村田さんは、社員に会社のスマホを支給して、現場が複数ある日であれば、各々の現場でYouTube動画を撮影するように指示しています。様々な現場や工事の収まりを収録し、バリエーションに富んだ動画を撮ることで、加速度的に投稿動画が増加しています。

現在、村田さんの会社では、四、五チームに分かれて、現場の様子を撮影しています。一チーム最低一日一本は撮影することを社内の共通の目標に掲げており、一年間で一〇〇〇本以上の動画投稿が課題です。このように圧倒的なネット上の露出を築き、ライバルを更に引き離していこうという取り組みを行っています。

村田さんから指示を受けた社員も、最初の頃は、現場に行っても撮影を忘れるなどミスがありましたが、村田さんがこのYouTube戦略の意義を社員に繰り返し伝えることで、社内で動画撮影が習慣化し、定着していきました。

なにより、社員が協力して動画を撮影するようになったのは、撮影した動画をYouTubeに投稿することで、その動画を見た問合せ者から仕事につながる場面を、何度も社員が目の当たりにしたからです。

YouTube動画が数億円の富を生み出している場面を自分の目で見ているからこそ、社員たちは日々の現場での動画撮影の意味を理解して取り組んでいるのです。

「私が徹底して、このYouTube戦略を全社挙げて最優先で取り組むのだ、と言い続けてきたことが大きいのかもしれません。」

と村田さんは振り返ります。

YouTube戦略を始めたことにより、会社の事業割合が下請け中心から元請け中心に劇的に変化している過程を社員がつぶさに見続けたからこそ、YouTubeは同社にとって最も重要なツールなのだと社員全員が実感しているのです。

同社の仕事の比率が下請けから元請けへ逆転した期間は、村田さんたちがYouTube投稿を開始した三年前からの時期と重なっています。

元請け中心に事業が変わると、社内にも様々な変化が起き、売上の数値以外の副産物も生まれます。

下請け時代は、依頼主の言われるがままの仕事でしたが、元請けになると直接お客様から要望を受ける場面が増えてきます。

お客様第一の発想が生まれたり、更にお客様に満足いただくような提案や工法を追求するようになるなど、社内で意識面の大きな変化が生まれました。また、YouTubeやブログ以外にも、新聞折込チラシを企画したり、看板を立てたりと、社員がお客様の目線で動くように変化したのです。

村田さんのネット営業で特筆すべき点は、驚くべき成約率の高さです。

YouTubeに加えて、ホームページやブログの運用によって他社と比較にならないほどの情報開示をしているために、問い合わせをしてくるお客様のほとんどが冷やかし客ではな

（株）MURATA　村田豊さん

●YouTube革命者の成功要因

1．組織的な取り組み
現場ごとに朝、スマホを支給してスタッフが撮影。夕方、YouTube担当が回収、投稿。

2．徹底した実践意識
社長トップダウンによるすべての業務に最優先の姿勢での実践意識。

3．明確な目標設定
年間1000本の目標達成のための、組織内での小目標への落とし込み。

く、村田さん一本に絞って検討している方ばかりなのです。雨漏り修理事業を始めて六年間に冷やかしの電話は一本しかなかったのです。

雨漏り修理業界において圧倒的な情報発信量が、問合せをするお客様に対して、「このような会社であれば大丈夫だ。」と安心感を与えているのでしょう。

「YouTubeに出会わなかったら、広告にかける資金がありませんでしたので、戦略がまったく分からないまま、いまだに模索をしている状態だったかもしれません。」

と語る村田さん。

今では、板金工業組合など業界団体の役員を務め、業界の若手リーダーとして精力的に活動している村田さんは、業界随一のネット営業戦略家として仲間にもそのノウハウを共有しています。そのようなオープンな姿勢が、業界の中でも人望が厚く信頼されている大きな理由なのでしょう。

気がついてみると売上は三年間で六倍になり、年商は二億円を突破。

YouTube戦略という大きな武器を手に入れた村田さんは、今後は更に社内の技術力を高めて、地域密着を主体に雨漏りで困っているお客様に良質のサービスを提供しつづけていきたいと考えています。

ビジネス戦略・成功事例2

(株)きづな住宅　川島大さん
「築五〇年の老朽化物件を満室にする再生請負人が活躍する不動産会社」

埼玉県川越市で住宅・不動産会社、(株)きづな住宅を経営する川島大さん(三七歳)は、不動産業界でも随一のYouTube実践成功者として知られています。

今では、不動産会社が集まるセミナーなどでYouTube戦略を指導する立場になっています。

川越市で生まれ育った川島さんですが、もともと法律に関する関心が高く、大学では民法、商法を積極的に学びます。その中

●代表的なYouTube動画

YouTube内で「埼玉　エステ　開業　賃貸」で検索。

店舗用物件の紹介動画において、具体的な業種の提案も交えた解説になっている。

で、もっとも生活に密接な資格を取得しようと大学在学中に宅建に合格。卒業後は、大手の住宅メーカーに入社します。

住宅建築の側面と不動産の側面の両面からエキスパートになることを志した川島さんは、まず住宅建築のジャンルでキャリアを積むことになります。その住宅メーカーでは、住宅建築のいろはを学びながら、住宅販売の営業マンとして約五年間、セールスの現場で活躍します。

最初から、「サラリーマンとして三社経験を積む」と決めていた川島さんは、住宅メーカーを退職後、大手不動産販売会社、中小零細不動産会社を渡り歩き、通算一四年のサラリーマン生活を送ります。その中で川島さんは、大企業の実態、中小零細企業の実態を肌で感じます。

そして、ちょうど東日本大震災の直後、平成二三年に川島さんは、念願の独立開業を果たし、（株）きづな住宅を設立します。世の中が大混乱する中で、金なし、コネなし、仕事なしでの独立開業は不安に満ちた船出でしたが、川島さんは「やるしかないんだ。」という気持ちでスタートを切りました。

まだ経営的に不安定な時期に川島さんは、サラリーマン時代に、飛び込みで訪問してきたある不動産会社の社長が手にしていた映像データのことを思い出します。

その社長は、物件紹介の資料といえば紙の資料が当たり前の不動産業界の中で、自身が撮影した映像データを使って物件の説明をしていたのです。

その物件が完成する工事の過程、完成した後の内観などの映像を見せながら、その社長は川島さんに、当時出始めたばかりのスマートフォンやクラウドの活用について説明を始めたのです。

「不動産営業の現場で、映像はこのように使うんだ。」

川島さんは、その社長の話に目からうろこが落ちる思いでした。


スマートフォンを使用して、データをネット上に共有し活用すれば、個人や小規模の会社でも、スピーディーで機動的な経営をすることが可能になることを、川島さんは偶然訪問してきた不動産会社の社長によって覚えたのです。

川島さんはその社長の影響で、初代のiPadを購入し、当時まだ国内では浸透していなかったFacebookを利用し始めたり、先端的なネット活用を展開し始めました。

そんなサラリーマン時代の出来事を思い出しながら、川島さんは、積極的に各地の経営セミナーに参加します。

その経営セミナーのひとつに、京都の不動産会社、（株）フルハウスの清久隆幸さんが主催する「京都ＴＴＰ大学」がありました。同じ不動産業界で先端的な経営を展開する清久さんと意気投合した川島さんは、熱心に京都まで足を運び、様々な講師から経営の戦略、戦術を学んでいきます。

二〇一二年一二月に開催された「京都ＴＴＰ大学」の講師として私が招かれたときに、私は川島さんと初めて出会いました。

それまで手探りでYouTube動画を活用していた川島さんは、体系化された「菅谷式YouTube戦略」に初めて触れるのです。

川島さんは、それまでの経営の勉強の過程で無意識のうちに体得していた「ランチェスター経営戦略」によって、「商品・エリア・客層」の絞込みを経営の現場で実践していました。

すなわち、地元川越市の地域密着、物件のスペックに依存しないお客様目線での物件提案、他の管理会社がやらないような丁寧な物件管理、老朽化した物件を短期に満室にするプロデュース力など、経営の各要素において競合の追随を許さない独自性や優位性を生かした経営です。

長年の不動産業界の経験の中で、川島さんは多くの不動産会社は自社にとって大きな手数料が得られる物件を優先して勧める「手数料主義」に陥っていることを知っていました。

そこで、川島さんの座右の銘である「発想と真心」を大切にしたお客様第一のサービスを心がけて展開しようと決意したのです。

YouTubeは、そうした川島さんのランチェスター経営戦略的な競争優位性を更に際立たせるツールとして威力を発揮していくのです。


川島さんは、顧客ゼロから経営をスタートする中で、定期的に会社に売上を上げるしくみとして、賃貸管理の仕事に力を入れます。賃貸管理業務とは、入居者の募集、家賃の回収、物件の修繕、クレームの対応などの業務です。

そのきっかけになったのは、創業間もない頃に出会ったひとりの高齢の女性の大家さんでした。

その女性の所有するアパート物件は、昭和四〇年に建てられた築五〇年近くになる老朽化した木造アパート。賃貸物件を探す入居者が、まず最初に敬遠するような物件です。

築四〇年以上の老朽化した物件を持つ大家さんは、一般に不動産会社からは建て替えや大規模なリフォームを勧められます。そして、また新たな借金を背負わされてしまいます。

そのようにして新築した賃貸物件は、一〇年ぐらい経つと、また空室問題に悩まされるのです。

川島さんは創意工夫を重ねて、その築五〇年の老朽化物件を数ヶ月で満室にし、人気物件に変貌させました。

その経験は川島さんに大きな自信と信頼を生み、その大家さんが保有する他の物件も担当するようになり、その「満室請負人」の仕事ぶりと評判を聞いた他の大家さんからの相談が相次ぐようになったのです。

「新築のピカピカの物件は、誰にでも満室に出来る。プロデューサーの腕が問われるのは、こうした老朽化物件なのだ。」

川島さんが管理する物件は、昭和三〇年代、四〇年代、五〇年代といった、入居者を獲得するのが難しい物件ばかりです。ですが、川島さんのプロデュース力にかかると、入居率がほぼ一〇〇パーセントになってしまうのです。

たとえば、東京・江戸川橋にある昭和四一年築の老朽化物件「水流荘」という物件がありました。風呂なしのワンルームのため入居者がなかなか決まらず、また一階の店舗スペースも空室でした。

その物件を再生させるために川島さんはホームセンターに行き、水色とピンクの品質の良い塗料を購入し、自身で壁のリフォーム作業をしました。コンセプトは、「空と桜のガレージハウス」です。

安価のリフォーム費用と川島さんのプロデュースにより、見事に変貌を遂げたその物件は瞬時に満室となり、従来にはない家賃収入を大家さんにもたらしたのでした。

「老朽化物件を満室にするのも、YouTube戦略を成功させるのも、最も重要なのは自分が楽しく取り組むこと。映像を通して、その姿勢が伝わるのです。」

川島さんは、仕事の極意をそのように語ります。

確かに川島さんは自身で選んだ壁紙を、その老朽化物件の壁に楽しそうに貼って、物件を蘇らせていくプロセスを映像で効果的に表現しています。

動画の視聴者も、川島さんの仕事ぶりを動画を介して仮想体験し、老朽化物件の再生というドラマを楽しんでいるのでしょう。その証拠として、一五分を超えるような川島さんの長編動画のアクセス解析を見ると、最後まで視聴している方の割合が圧倒的に多いのです。

現在投稿している約一五〇〇本の動画の中で、八割は川島さん自身が撮影、投稿した動画です。川島さんが現地を訪れ物件を紹介したり、その周辺環境をレポートする動画が好評です。

たとえば、線路近くの物件であれば、あえて電車が通る時間帯を選んで撮影し、電車の音の大きさなど隠さずにリアルな物件の情報として伝達しているのです。

そのために川島さんは常に撮影のための一眼レフカメラを首からぶら下げています。常にYouTube動画を撮影するために臨戦態勢ということです。

また、YouTube戦略の肝であるタイトルに用いるキーワードも、スモールキーワードを活用することで徹底しています。

「川越市　不動産」、「川越　賃貸」という輪郭がぼやけた言葉ではなく、「川越市　東田町」という絞った地域名や「鉄筋コンクリート　賃貸」といった物件の詳細の特徴などをキーワード化しました。

また店舗向けの物件であれば、「エステサロン向け店舗物件」や「焼肉店　店舗物件」など、よりジャンルを絞り込んだタイトル名が、競合がいない中で顧客属性に合った見込み客にヒットしています。

動画の撮影題材についても、川島さんは工夫しています。

物件の紹介ばかりではなく、不動産や住まい作りのプロとして自身の理念を見込み客に訴える動画コンテンツが、結果的に川島さんが選ばれる理由を表現しています。

「自分がどのような人間なのかを表現することは重要です。そして、街づくりをする者として、川越の町の中で感じることを率直に語るようにしています。」

と語る川島さんですが、川越の地域密着というテーマにもかかわらず、川島さんのYouTubeチャンネルのチャンネル登録が一〇〇件を超えています。

そして、川島さんの経営の最も素晴らしい点は、八九パーセントという圧倒的な成約率の高さです。

タイトルキーワードと動画コンテンツ企画の両面で、緻密に計算されたYouTube動画投稿によって、見込み客は「きづな住宅」の物件紹介サイトと会社紹介サイトに訪れます。

特に、会社紹介サイトでは、川島さんの住宅プロデューサーとして売り、強みがコンテンツ化されており、見込み客の心をがっちりと掴んでいるのです。

たとえば、「賃貸経営ミニ講座」というコンテンツでは、物件の新旧を問わず大家さんが賃貸経営を成功させるための知識、ノウハウを惜しみもなく披露しています。もちろん、文章や写真だけではなく動画も効果的に使われています。

（株）きづな住宅　川島大さん

●YouTube革命者の成功要因

1．経営戦略の策定
ランチェスター経営戦略を基本とした商品・エリア・客層の絞り込み。

2．着地ページ（LP）の整備
大量のYouTubeからリンクされるサイトにUSPと充実したコンテンツを掲載。

3．顧客起点でのキーワード設定
物件の特徴、属性など顧客の視点で提案型のキーワードを設定。

「お客様の声」では、入居者、不動産オーナーの双方において、川島さんのお客様が大きな満足を得ている様子を生の声で伝えています。

YouTubeの大量投稿から、こうしたUSP訴求型ホームページへ誘導されたアクセス者は、取引先を「きづな住宅」にほぼ決めた状態で来店するので、結果的に成約になる可能性が高いのです。

川島さんのYouTube戦略は、それらの動画経由でやってくるランディングページ（着地ページ）のコンセプトの明確さと圧倒的なコンテンツ力によって、何倍にも効果を増大させているのです。

川島さんのYouTube戦略は、契約、購入などクロージングまでを含めた全体的なシステムの完成度が重要だと、これからの実践者に教えてくれています。

ビジネス戦略・成功事例3

アトリエリブラ 高橋貴子さん

「七八日連続で予約獲得したパン教室」

●代表的なYouTube動画

YouTube内で「天然酵母 パン教室 横浜 特徴」で検索。

1000本を超える一般公開の露出拡大用動画投稿を精力的におこなっている。

横浜市で、個人でパン教室を経営する高橋貴子さん（四四歳）は、とてもユニークな経歴を持った個性的なパン講師です。学生の時は、高校時代の学費も自分で出すなどすでに自立して稼ぐことを課せられた家庭環境の中で育ちました。

奨学金を受けながら、アルバイトも掛け持ちしながら学費を稼ぎ、卒業後はツアーコンダクターを目指します。

夢の実現のために旅行関係の専門学校に進学した高橋さんは、こちらでも学費を稼ぐため、新聞奨学生の道を選択しました。朝三時半の朝刊配達、夕方五時の夕刊配達で働き、昼間は専門学校で学ぶという苦学生として多感な青春時代を過ごします。

猛勉強の甲斐あって資格も多数取得。最多資格賞を受賞し、卒業後は渋谷の大手旅行会社に入社し、六年間、お客様の旅行のプランニングなどに携わった後、管理部門に転属の話が上がったのをきっかけに退職、もうひとつの憧れていた業界である住宅業界で力を試します。


建築設計事務所での一年間の勉強期間を経て、横浜市内の工務店にインテリアコーディネーターとして入社。もともと、人の相談を聞き、手配、調整をすることが得意だった高橋さんは、この工務店でも頭角を現し、内装に限らず、水道、電気など建物全般に渡る管理をする現場監督的な仕事までこなすに至ります。

その工務店では六年間勤務した後、ブライダル関連のベンチャー企業の営業職・事業部長職を経て、ヘッドハンティングされ、パン捏ね機を扱う新規事業の事業部長として新会社に移籍します。

そしてパン捏ね機を販売する新事業部を任された高橋さんは、二人の仲間と共に、市場を開拓するために商品を片手に全国を飛び回ります。

営業先はパン屋さん、機械メーカーの卸さん、菓子製造業、個人のパン教室などをターゲットとして、ローラー作戦で回りました。高橋さんは、女性の立場で訪問しやすいパン教室を中心に訪問営業しますが、そこであることに気付きます。

「パン教室では、パン捏ね機のような道具よりも、集客で悩んでいる経営者が多い。その集客の面で力になってあげることはできないだろうか。」

高橋さんはこれまで歩んできた、旅行代理店や工務店でお客様にプランニングをしていた日々を思い出し、パン捏ね機のような形のあるものではなく、デザイン、コンサルティングといったような形のないものを提案することの方が得意なのだと、自身の持ち味を再確認します。

一台四万円のパン捏ね機を販売しているうちに、気付いた二〇年に及ぶＯＬ人生で身につけた自分の付加価値。

「集客に強く、集客の手法をパン教室の先生に教えられる経営者へ」、と独立後の確かなイメージを持ちながら高橋さんは、経営の知識を身につけるために自腹でネット集客の勉強会などに積極的に参加し、研鑽と実践を重ねます。

そのひとつが、ネット集客のコンサルタントで有名な平賀正彦先生の勉強会でした。すでに私も入会していたその勉強会の総会が二〇一〇年一二月に開催され、そこで高橋さんは私と出会いました。

高橋さんは、パン教室の運営のために、まず自分が第一に身につけるべきスキルはネット集客だと目標を定め、検索エンジン対策（ＳＥＯ）、ネット広告、ホームページのことなどを勉強し始めます。

その後、機は熟したと判断した高橋さんは、震災後の二〇一一年八月、五年間勤務した会社を退職し、晴れて自宅にパン教室を設立し、独立開業を果たします。

まずコストのかからないブログ集客に取り組んだ高橋さんは、その濃厚な記事内容が人気を博し、あっという間に読者を三〇〇人獲得します。

平日は専門学校に通いＷＥＢデザインの制作技術を習得する一方で、週末は自身のパン教室の体験講座を開催し、着実に自社のネット集客に習得した技術を応用していきました。

「パン教室の生徒さんって、このようなメカニズムでやってくるんだ。」

改めて、体感した高橋さんは、その知識を自分の中で変換し独自のメソッドを構築して、教室経営を志す生徒さんに教えていきます。

約三年間、順調に売上を増やし、右肩上がりの経営を続けてきた高橋さんに、突如、売上不振が襲います。それまで順風満帆だった経営に突然訪れたピンチに高橋さんは慌てました。

それまで当たり前のようにパン教室の受講生からの入金があり、お金の心配などしたことがなかった高橋さんですが、運転資金も、予約が途絶えてからみるみる無くなっていきます。

高橋さんは、先行きの不安に押しつぶされそうになりながら、緊急対策として削れるコストはすべて削るようにしました。フィットネスジムも解約、懇親会も極力控え、緊縮財政に努めました。

昼ごはんも出費を減らすため、試作で作った冷凍パンを少しずつ解凍しながら食べる日々が続きました。

そこで、高橋さんはこの半年を振り返り、猛烈に反省しました。

「これは半年前から、未来にかけての経営戦略を練ることを怠っていた結果なんだ。」

そんな窮地に陥った高橋さんは私のコンサルティングを受け始め、私からの助言で得た内容を次々と経営に応用していきます。

私から毎月送られてくる助言動画のファイルを、朝の散歩でiPhone片手に、川の近くを歩きながら、何度も再生して聞き返し復習したのです。

高橋さんは、経営の建て直しとして、まずは長期のコースよりも生徒が獲得しやすい単発の安価なレッスンの枠を増やして、短期で回復が図れるよう講座の組み換えをしました。

すると、比較的高額で日程の確保が難しいコースレッスンの参加が難しかった生徒さんが集まり始め、その修了生が上級コースや他のコースに進級したりして、好循環が始まりました。

また、高橋さんのビジネスモデルに欠けていた「顧客を段階的に育てていくこと」を構築するために、各段階に応じたコースやサービスを設定し、最終的には、長期間にわたりサービスを利用していただけるような経営の設計図を作り直しました。

そして、その経営の建て直しの中で、徹底して実践したのがYouTube戦略です。

私が課した年間一〇〇〇本の動画投稿は、最初、高橋さんを驚かせます。

「ひと月に一〇〇本ですか。そんな本数をひと月にやるなんて想像できないのですが」

ですが、私が主宰する「YouTubeアカデミー」の塾生や顧問先の企業が少人数や個人事業主であるにもかかわらず、年間一〇〇〇本の動画投稿を着実にクリアしている現実を見て、高橋さんは腹をくくります。

「よし。死ぬ気になって一〇〇〇本、投稿しよう。」

二ヶ月後、高橋さんの経営の中では、ひと月に一〇〇本の投稿ペースは当然のものになっていました。そして一年を経たずして、見事に一〇〇〇本の動画投稿を果たすのです。

「菅谷さんのコンサルは、ボクサーに付き添うセコンドのよう。パンチをくらって打ちのめされてコーナーに戻ってきたボクサーに、精神的な励ましを与えて、戦略を授けて次の戦いに送り出すというスタイル。

どうしようもなくなったら、最後にはタオルを投げてくれるだろうけど、そこまでは全力で戦わせるというスタンスの人。二人三脚で最後までクライアントを見捨てない、そんな頼りがいと信頼感を持てるコンサルタントですね。」

結果として、高橋さんは窮地から立ち上がり、再び予約が入り始めた日から七八日連続で予約を獲得するという逆転劇を見せてくれました。

その後、動画の大量投稿によって、動画の撮影に慣れてきた高橋さんは、あるユニークな手法を考案します。

見込み客に対して「限定公開モード」でYouTubeを投稿、その動画のURLをメールで送信するというクロージングを目的とした動画活用です。

高橋さんは、そのYouTubeクロージング動画で、九七パーセントのお問い合わせ成約率を獲得するなど、この手法は高橋さんの経営を助ける大きな武器となります。

もともと長文のメールを書いたりして、見込み客に対するフォローアップを行っていた高橋さんは、更なる効率化ができないかと、その問合せへの返信内容を動画にして収録、それを用いてお問合せのお客様に返信したのです。

長文のメールは、執筆に一時間ぐらいかかります。ところが、動画にするとわずか一〇分程度で完結してしまうのです。

しかも、問合せをいただいたお客様に対して個別に撮影、送信する動画なので、相手に伝えたい気持ち、想いを身振り手振りも交えて表現することができます。

お問合せへの対応を、従来の事務的な内容で返信するメールから、YouTube動画に変えたことにより、その動画を受け取った問合せ者は感激して、正式に申し込みをする確率が飛躍的に向上しました。

「ちょっと問合せをしただけなのに、そんなに私のことを考えてくれてありがとうございます。感激しました。」

というような感想が問合せ顧客から返信されてきました。


高橋さんは、「菅谷式YouTube戦略」の基本である集客対策としてのYouTube活用に加えて、このクロージング動画活用、リピート促進のための動画活用と、三種類の動画活用を駆使して、業績の落ち込みを見事に短期間に打開したのです。

「この個別対応の動画は、毎月、私に対して個別動画で助言を頂いている菅谷さんの動画がヒントになりました。このようなパーソナルな動画は、その人に対してだけ語りかけているものですし、顧客満足度が極めて高いプレミア感のある動画になりますね。」

また高橋さんは、既存客に対して、動画ニュースレター「アトリエリブラ通信」を配信しています。これはメルマガの動画版のようなものです。

ここでも高橋さんは、出張先でもその土地の雰囲気が伝わるような場所でロケをしたり、衣装に配慮したりと、自身も楽しみながら、動画収録、配信を続けています。

たとえば、ハロウィンの時期にはハロウィンの衣装を、クリスマスにはサンタの衣装を着て、季節感が出るような演出で動画を収録するのです。

また高橋さんは、本業の生徒さんへの技術指導の中でも動画をフル活用しています。「このような手順で学んで欲しい」という内容を動画で収録して、チュートリアル動画として体系化したものを生徒に届けるのです。

すると受け取った生徒も理解が深まりますし、また遠隔地の生徒への指導も可能になります。実際に、高橋さんのお客様にはドイツの生徒もおり、高橋さんの動画教材を用いて学習を進めているという事例もあります。また、その動画は生徒さんが自分の好きなときに何度も繰り返し見ることができるので、テキストを読むだけよりもはるかに頭に入ってくるのでとてもいいという感想をいただいているそうです。

この方法なら、お互いに時間的な制約もなく、お互いのペースで学習を進めることが出来ます。

「感動と共感は動画が与える一番の力。でも、その礎になったのは、菅谷式YouTube戦略の基本である大量投稿の実践があったから。『息を吸うように動画を撮れる』ようになったので、その後の自然な展開としてクロージング動画やリピート促進動画が生まれたんです。」

アトリエリブラ　高橋貴子さん

●YouTube革命者の成功要因

1．クロージング動画
問い合わせ客に対して限定公開で送付するクロージング目的の動画の活用。
2．フォローアップ動画
上級プランの提案や休眠客のフォローのために送付するフォロー目的の動画。
3．チュートリアルや会員向けニュースレター動画
技術指導を内容としたマニュアル的な動画や会員向けのメッセージ動画の活用。

用途に応じて動画の活用を変化させ、総合的なYouTube戦略を確立した高橋さんは、現在、教室系の起業家を育成、支援する「リビング起業アカデミー」を主宰、自らが経営の中で学習、実践してきたことを、高橋さんの後に続く女性起業家の指導のために忙しく全国を奔走しています。

YouTubeの持つ即効性とGoogle検索結果における上位表示の威力などビジネスの武器を用いて、日本中で頑張る女性起業家たちに輝きと勇気と希望を与えるべく、高橋さんは今日も動画を撮影し続けます。

ビジネス戦略・成功事例4

ビ・ハイア(株) 清水有高さん
「アニメゲーム関連業界で売上二倍。脅威の動画投稿数」

●代表的なYouTube動画

YouTube内で「アフターエフェクト出向人材情報」で検索。

人材情報についてその保有技術をキーワードにして企業に役立つ情報提供。

アニメ、ゲーム、マンガ業界の人材紹介、お仕事紹介事業を展開するビ・ハイア(株)の社長、清水有高さん（三六歳）は、大学の先生である父と読書好きの母の家庭に生まれます。

清水さんは中学入学一年目の五月から登校拒否になり、そのまま卒業まで自宅で勉強を続けます。登校拒否の理由は、「自分でやった方が、はかどったから」。

両親が離婚し、母親に育てられた清水さ

んは、年に数回、自分の受けたいテストを受けるためだけに学校に行き、楽しく高得点を取っていました。いつも家には、家族が読んでいた本が大量にあり、その影響が大きかったようです。

当時の清水少年の夢は、漫画家になること。新聞配達をして毎月三万円のお小遣いを稼ぐと、そのお金でアニメ、マンガ、小説を大量に購入し、毎日読んでいました。

中学在学中、通算数十日しか登校していない不登校児童の清水さんは、一般の高校に進学するために必要な内申点を得ることが出来ずにいましたが、母親が紹介してくれた新聞のコラムの「漫画家も色々なことに造詣が深くないと駄目」という言葉に刺激を受け、通信制の高校とマンガを学ぶための専門学校に進学します。しかし、専門学校では、人に教えられて描くマンガが性に合わずに退学。

通信制高校では、四〇歳代から六〇歳代の大人など、働きながら通学する様々な世代の生徒が集う環境で清水さんは、週に一回の通学とレポート提出が終わると、更に新聞配達に精を出し、月五万円に増えた給料をアニメのレーザーディスクにつぎ込み、二〇〇枚を越えるアニメの作品を見る日々が続きました。

そんな中、体育の時間にバスケットボールをしていたとき、地元のスーパーで働いている四〇歳のクラスメートから、清水さんは進路についてこのようなことを言われます。

「清水君の言う通り学歴なんか関係ないよ。でも、俺は四〇歳になるけど中卒のせいでまだ時給は七〇〇円ももらっていないんだよ。」

その言葉に衝撃を受けた清水さんは大学進学を志し、滋賀大学人間文化学部に入学します。

大学時代の清水さんは、やはりアニメ、ゲーム、マンガに夢中。そして、誰かを相手に議論をしたり、持論を展開することに飢えていた清水さんは、経済問題などを取り上げる新聞刊行を目的に新聞部を仲間たちと設立。編集長に就任し、毎月一回、四〇ページの新聞を制作、一〇〇〇部以上を学生食堂などで手配りして配布し続けました。


一年後、今度はパソコン、ソフトを完備し、仲間たちと雑誌を刊行。地域経済に根差していて、かつ環境問題にも配慮している地元のお店を取り上げる約二〇〇ページの雑誌を作りました。小規模ながらも取材、執筆、編集、印刷、営業に至るまで出版のすべてを経験した清水さんは、その採算性の悪さから出版業界に就職するのをやめて、新しい夢を探します。

「自分でマンガを描くこともできない。編集する側にも回りたくない。では、オレは何がしたいんだ。そうだ、制作費を出して作品を作ってもらう立場になればいいんだ。」

大学三年生のときに、清水さんはそのように考え、ベンチャー企業で成功してお金を手にしようと、神戸にある人材派遣会社に勤務します。

雑居ビルの中にあったその会社は、設立二年目で売上数百万の社長含めて四人の会社。

そんな会社で経営の縮図を見せつけられながら、清水さんは初めてのサラリーマン生活を送ります。

ところが入社数ヶ月で、会社の業績低迷に不安を覚えた社員が全員退職。

空席となった東京支社の責任者として東京に赴くことになり、オフィスに住み込みで働くようになります。

必死になって働いた清水さんは、竹田陽一先生の「ランチェスター戦略」の教えの通り、年間五〇〇〇時間労働を貫き、三年後には、その企業を好業績体制へと導きました。

オフィスも西新宿の美しいビルに移転、年収も一〇〇〇万円を超えるようになります。

しかし、当時、二五歳になっていた清水さんはこう考えます。

「アニメひとつ作るのに一〇億はいる。年収一〇〇〇万円じゃ、アニメは作れないよ。」

アニメ制作会社の社長にヘッドハンティングされ、移籍しますが、他のメンバーとウマが合わずに三ヶ月で退職。前職の会社に戻るわけにも行かずに、起業に至ります。

二〇〇五年、ビ・ハイア(株)と命名され船出した清水さんの会社は、アニメ、ゲーム、マンガ業界の営業代行を事業として展開します。

業績は好調でしたが、まだアニメ制作に必要な資金を築くまでには至っていないことを意識していた清水さんは、実際にアニメ会社への訪問時に、彼らの求人方法が求める人材に対してリーチできていないことに気付き、人材派遣会社での経験も生かして、アニメ、ゲーム、マンガ業界に特化した求人支援のビジネスをやろうと考え、アニメ、ゲーム、マンガ求人サイト「ラクジョブ」を企画します。

サイトの開発に、四〇〇〇万円投資しての新ビジネスです。そして、この新ビジネスを告知、集客するための営業活動として、清水さんは中小企業らしい「弱者の戦略」として超アナログの活動を展開し、そして、ネット戦略では最もアナログ営業に近い「接近戦」の感覚でアプローチできるツールとしてYouTubeに注目するのです。

「文章や写真を並べるよりも、動画で実際に運営しているスタッフが喋る。新サービスのサイトの内容や発信している情報について、何倍も伝わるのです。また、うちは他社と毛並みが違う求人会社。３ＤＣＧのツールやモデリングなど専門用語、専門分野をきめ細かく理解している。それを伝えたかった。」

そのようにYouTubeを活用した動画戦略に着手し始めた頃に、清水さんは、私のYouTube戦略についての書籍『YouTube大富豪7つの教え』を手に取ります。

「菅谷さんのYouTube戦略の本も読み、自分でも成功体験があるランチェスター戦略が基本となっている菅谷さんの本の動画戦略は、『これはいいな。実践しよう。』と思えるものでした。」

ビ・ハイアのスタッフは、日常のアナログ営業で説得力のあるトークを展開しているので、それをネットに置き換えるときに、最も相性が良いツールがYouTubeだったという訳です。

アニメ、ゲーム、マンガ業界に専門特化している求人サービスという独自性もあり、YouTubeはネット上の露出拡大に大きく寄与し、立ち上げから年を重ねるごとに同社の求人サービスは知名度と価値を向上させていきました。

清水さんのYouTube戦略で特筆すべき点は、組織的な取り組みによる超大量投稿です。最初は清水さんが年間一万本ペースで大量投稿を実践し、その姿勢を社員たちに示すというプロセスです。「これから毎日、これをやるんだよ」という背中を若い社員たちに教えながら、次第に社内にYouTube戦略を浸透させていったのです。

「動画投稿の様子を見せて、ひとつの成果を出してあげる。動画経由で問い合わせがあり、それが受注となったり、訪問せずに動画だけで受注したなどの成功事例をたくさん作る。『これって、君らの仕事に役立つことだよ』ということを徹底して見せる。それをやったあとに、スタッフに対して『では、今度はみんなもやろう』と。」

清水さんの会社では、朝出勤後の最初の仕事は掃除。その次に動画撮影です。動画を撮ってからでないと、他の仕事をしてはいけないというルールがあるほどの徹底ぶりです。社員の人数分のビデオカメラと三脚を購入し、動画撮影用の部屋も設置し、すべての業務に最優先という社内風土を作っていきました。

もともと清水さんの新しいアイデアを素直に取り組む雰囲気が社内にあったため、この全社的なYouTube戦略はすぐに習慣化されます。

まれに他の仕事が忙しくて動画の撮影が出来ないこともありましたが、すぐに清水さんや上司が指摘を続け、一年かけて社内に「YouTube動画大量投稿体制」を定着させました。社員数一〇人規模の中小企業は通常、年間一〇〇〇本のYouTubeを投稿するのがやっとの状態です。

ところが、同社では、一桁多い一万件を突破して、現在は二万件近くの動画投稿数を築いています。

「ランチェスター経営的にも、ナンバーワンでないと意味がない。ではYouTube戦略も投稿件数で圧倒的なナンバーワンになろうと考えました。ランチェスター戦略を学んでも分かる通り、日本軍は戦力を小出しにして負けたのです。圧倒的な大量投下を実践したかったのです。」

この言葉通り、清水さんの経営戦略に大きな影響を与えているのが、ランチェスター戦略です。

二〇〇一年、栢野克己氏の「小さな会社儲けのルール」を手に取ったことから始まり、長時間労働の思想に触れます。

過去に清水さんは、年間五〇〇〇時間労働を三年間続けてみて、経済的に豊かになった経験があり、以来、経営の基本方針をランチェスター戦略に置いています。

清水さんが推進した全社的なYouTube戦略は、いくつもの成果を生み出しました。

まず、問合せの増加です。同社のサービスを知るキッカケが圧倒的に動画経由であることが急激に増えました。一年で約二倍に増えた問い合わせの裏側には、YouTube動画が貢献していたということです。

もうひとつの効果は、求人採用です。

従来、清水さんは、自社の求人採用について年間で約三〇〇万円の投資をしていました。大手求人サイトや大手求人サービスへの媒体掲載料などがその大半です。

それが一年でゼロになり、すべてYouTube動画の活用だけで人材の採用が出来るようになりました。

YouTube動画を通して、清水さんが思いを語り、その人物やキャラクターを正確に伝達することで、採用のミスマッチが減り、離職が明らかに減りました。

売上も上がり、経費も下がり、YouTube戦略によって得られた利益は、数千万円にも上ります。


「まず、会社が一番売りたい商品を絞ることが重要。それで次に、どこの地域に売りたいということが決まると思うんですよね。すると、どのようなキーワードで展開すればいいのかというテーマが必ず出てきます。そのキーワードを決めたら、そこに動画を大量に投稿する。ライバルが一杯いるということは、その人達にも勝たなければダメなのですから、菅谷さんの本に年間一〇〇〇本投稿と書いてあったら、年間五〇〇〇件や一万件をやる気概で取り組むべきだと思いますね。」

ビ・ハイア（株）　清水有高さん

●YouTube革命者の成功要因

1．1万本規模の超大量投稿
　社員ひとり年間1000本を基本とした超大量投稿
2．徹底した実践管理
　毎朝5本の撮影実践と週に一度のミーティングでの進捗確認。
3．人物を全面に押し出した動画訴求で採用コスト低減とミスマッチの排除
　社長、社員自らが動画に出演し、社風、個性を表現することによる採用効果。

清水さんは自身のYouTube戦略の成功要因をそのように振り返ります。

同社の社内には二万冊の蔵書があり、社員が一ヶ月に読む本は二〇〇冊を越えます。清水さんが口にする「百倍学んで無限大の夢を叶える」という言葉は、他人の百倍本を読むという社員の姿勢に表れています。

また、最近の清水さんは、映像制作会社の（株）スピネル（村本瑛社長）とパートナーシップを結び、業界における映像活用の啓蒙にも力を入れています。

清水さんは少年時代からの夢である素晴らしいアニメ作品を世の中に輩出するために、数百億円規模の資金を提供できる存在を目指して、「百倍学んで無限大の夢を叶える」を実践しつづけるつもりです。

第4章

YouTube
第二ステージ戦略
【映像コンテンツ編】

映像コンテンツ成功事例1

ふじえだ整体　近藤諭さん

「一年で売上一二倍になった整体院の動画戦略」

●代表的なYouTube動画

YouTube内で「ふじえだ整体」で検索。

院長の丁寧なヒアリングにより人柄が伝わり、リラックスした雰囲気で患者様と良好な関係であることが伺える。

静岡県藤枝市で整体院を営む近藤諭さん（四三歳）は、どん底の経営状態をYouTube一本で大逆転した経営者です。

近藤さんは、「サッカー王国」藤枝市で生まれ育ちました。近藤さんも、そうした環境から中学入学と同時にサッカーを始めました。しかし、サッカーの厳しい練習に身体が悲鳴を上げ、股関節炎とヘルニアになってしまいます。

部活では満足に練習できないばかりか、

重度の股関節炎により通常の歩行にも支障をきたすほどで、自宅療養を強いられたことから、次第に勉強にもついていけなくなってしまいました。

高校では強さへの憧れから柔道部に入部。主将として試合もたくさん経験しますが、三年の間に膝の故障に加え、股関節炎とヘルニアの三箇所の怪我で、またもや苦しめられます。

高校卒業後は、料理の道に進みます。近藤さんは、小学生の頃から参加したボーイスカウト時代のキャンプのときに経験した料理に興味を持ち、中学二年生のときに書いた将来の夢には、「ラーメン屋になる」と書いたほどでした。

料理は全くの初心者でしたが、焼津市のホテルの中にある中華料理店に就職することができ、以来一〇年間、中華料理のコックとして経験を積みます。

近藤さんは、将来の独立開業を目指して様々な料理を経験するために、その中華料理店を退職後も、弁当店、アジア料理の居酒屋、和風創作料理の居酒屋など、さまざまなジャンルの料理店で経験を積みます。

いよいよ独立を目前に控え、もう一度中華料理をやり直そうと考え、本格的な中華料理店に入った近藤さんを持病のヘルニアが襲います。

一七年間、持病をごまかしながら厨房の立ち仕事を続けてきた結果、足のしびれが止まらなくなり、ついには歩行も困難になってしまうほどでした。

朝起きても自分では起き上がることができずに、奥さんに引き上げてもらいやっと起きられる状態です。独立開業を目前に控えた三四歳の近藤さんは、料理の道を断念せざるを得ませんでした。

近藤さんは、持病の治療として料理店勤務時代に整形外科に半年くらい通院しました。その診療内容に納得できなかった近藤さんは、診療先を変えて整体院に行くことにします。三件目に訪れた整体院が近藤さんの運命を変えることになります。


その整体院の先生の説明と診療は、近藤さんが納得出来るような内容で、料理店を辞めた近藤さんは毎日のようにその整体院に通院します。

次第に症状が改善するのを実感した近藤さんは、三ヶ月後、身体が完全に回復する頃には、整体の世界でこれからの人生を生きていく決心をしたのでした。

まさに、その整体の先生との出逢いが、近藤さんの身体の面でも職業の面でも大きな転機になったのです。

料理の道を断念して精神的に落ち込んでいた近藤さんに、次の世界の夢を見せてくれたのが整体という世界であり、「人にこんなに元気を伝えられる仕事はすごい。逆に今度は私が色々な人を助けたい」と考えるようになったのです。

近藤さんが体験した整形外科での疑問は、医師が十分な診療をすることなく、レントゲンなどの結果をもとに、看護師などが原始的とも思える治療をし、改善しなければ手術を急ぐような対応をしていたことです。

それに対して、整体の世界ではヘルニアなどは手術なしで治るケースもあり、近藤さんの目には、その両者の差異が鮮明に映ったのでした。

整体の世界で一人前になるために、近藤さんは、診療を受けた整体院の先生の師匠にあたる先生のところに弟子入りをします。その先生のもとで、実践重視の方針のもと、師匠の仕事ぶりに触れ、患者さんの身体を触らせてもらいながら整体を覚えていきました。

その師匠のところでは、二年間の修行を経て卒業試験に合格し、四ヶ月の準備期間の後、藤枝市で平成二一年六月に「ふじえだ整体」をオープンしました。

ついに夢にまで見た念願の独立開業です。

しかし、夢と希望を持って独立開業したものの、待てども待てども患者さんが来ません。

新聞に折込広告を入れましたが、まったく反応がありません。

それではと、自分でチラシを作り、コンビニでコピーをして藤枝市や島田市などの家庭に自分の足でポスティングに歩きました。数万件以上のポスティングをしたにもかかわらず、状況はさほど変わりませんでした。

その間、奥さんがスーパーにパートに出て家計を支える日々が続きます。

「今振り返ってみると、整体の技術は持っていても、集客については全く勉強しないままの開業でしたし、チラシも自己流でしたので、来院がないのは当然のことだったと思います。」

近藤さんは、苦難の時代をそのように振り返ります。

多少状況が改善したとしても、一日にひとりの来院があるかないかという経営的にどん底の中で、気がつけば独立開業以来、大した利益も残せぬまま三年が経とうとしていました。

そんな二〇一二年七月に地元の藤枝商工会議所の主催で私の「YouTube戦略セミナー」が開催されるのを知り、近藤さんは藁にもすがる思いで参加します。

セミナーの演題は、「スマホ一台、無料でできるYouTube戦略で売上を劇的に伸ばす方法」と書かれていましたが、スマホも持っていない近藤さんは、YouTubeの意味も分からぬまま最前列で私のセミナーに必死でかじりついたのです。

「どの講演でも次の日からYouTube戦略を実践する方の割合は一パーセントです。」

講演の最後に発した私の言葉を聞いて近藤さんは、

「よし。それならこのオレがその一パーセントの実践者になってやろうじゃないか。」

と、近藤さんの受講意欲は実践に向けての決意に変わっていました。

「これなら自分でも出来そうだ。もうこれしかないんだ。やってやろう。」

お金が一円もかからないYouTube戦略に魅力を感じた近藤さんは、私のセミナーで紹介
されていた数々の業績逆転事例に元気と勇気をもらい、「自分もYouTubeで成功するぞ」

と、心に誓ったのです。

早速、次の日に携帯電話販売店にスマホを買いに行き、すぐに動画を撮影、YouTubeに
投稿しました。
私がセミナーで説明していた通りに、近藤さんはまずYouTube動画を三〇〇本投稿する
と目標設定し、実際に受講直後の八月から十二月までの五ヶ月間に三〇〇本の動画を投稿

しました。

多いときは一日一〇本の動画を投稿し、毎日欠かすことなく動画投稿を実践しました。

年が明け、実践開始から半年が経つと、「ふじえだ整体」にこれまでにはない反応が表れました。

「YouTubeを見たのですが。」

という電話が頻繁にかかってくるようになったのです。

初めてYouTubeを見て来院した患者さんの第一声を近藤さんは覚えています。

「院長さん、YouTubeで見たままですね。」

その言葉に、近藤さんは半年前の私のYouTubeセミナーを思い出し、「これはセミナーで習った通りだ。さらに頑張って動画集客していこう」と、動画投稿を加速させていきました。


近藤さんがYouTube戦略の実践を開始してちょうど一年が経ち、二〇一三年夏に私は藤枝商工会議所の招きで再びYouTube戦略の講演に訪れます。

その講演の中で私は、前年の倍の年間六〇〇本を動画投稿の目標数として掲げました。

その目標値を聞いて近藤さんは、次の目標として六〇〇〇本の動画投稿に取り組みます。六〇〇〇本の動画投稿を達成すると、近藤さんには従来以上の際立った集客効果が表れました。

Google検索で、「藤枝市　整体」と身体の痛み関係のキーワードを組み合わせて検索すると、あらゆる言葉の組み合わせで近藤さんの動画が検索結果に表示されるようになったのです。

「YouTubeを見ました。腰痛に悩んでいるので、ぜひ診ていただきたいのですが。」

「アメブロで見ました。ひどい肩こりなので、一度診てください。」

という電話が相次ぎます。

二〇一二年八月からの一年間の売り上げは、前年比一二・五倍に跳ね上がりました。コストゼロで実現した奇跡的な業績大逆転劇です。

近藤さんのYouTube戦略では、動画撮影時に独自の工夫が施されています。たとえば、「お客様の声」の撮影です。

「顔を映されるのは困るというお客様もいらっしゃいますので、そのようなときにはお客様の顔が映らないように、お客様の背後から撮影させてもらいました。」

と近藤さんが語るように、「お客様の声」の動画撮影に協力を拒まれる典型的なパターンを乗り越えるために、撮影の角度に配慮したのです。

また、YouTube戦略の重点ポイントであるタイトルに設定するキーワードの選定にも、近藤さん独自の戦略が反映されています。

近藤さんは、患者さんへの問診において、その会話を丹念に記録し、キーワードを分析しました。近藤さんは、患者さんに「当院のことをネットで検索するときに、どのような言葉で検索しましたか。」と尋ね、その言葉をYouTubeのタイトルに加えていきました。

「例えば、『しびれる』という言葉ひとつとっても、患者さんによって表現が違うのです。『びりびり』や『ずきずき』などの表現もありますし、中には『ざりざり』と表現する患者さんもいました。そのような表現は私には思い浮かびません。もしかしたら、そのような表現をする方は少ないかもしれませんが、ひとりでもそのように表現する方がいるならば、これはやるべきだと思いました。小さなキーワードを馬鹿にしないことも大切だと思います。」

と近藤さんはキーワード戦略の極意について語ります。

また、マスコミの反応が多かったことが、近藤さんのYouTube戦略の副産物です。YouTubeによる露出拡大によって、静岡第一テレビに二回、地元のケーブルテレビに一回、他にもニュース番組に一回取り上げられました。

それらのテレビ出演がキッカケになり、「テレビを見ました」と言って来院する患者さんも増えました。「テレビに取り上げられた整体院です」という広告表現ができるようになったことが近藤さんの大きな財産になりました。

そうした一円もお金をかけないで実現したマスコミ露出により、藤枝市内での認知度が高まり、どこに行っても「テレビを見ましたよ」と声をかけられるようになりました。

マスコミ関係者がYouTubeを使って情報収集をしていることを物語る今日的なエピソードです。

近藤さんのYouTube戦略への取り組みは明らかに周囲の注目を集め、異業種の経営者からもその戦略内容について尋ねられることが増えました。

ですが、その後、実践に移す人とそうでない人の差があることに気付き、改めて近藤さんはYouTube戦略の成否を分ける重要なポイントは、その実践力にあることを痛感します。

「ネットで露出していかないと、誰も自分の店を覚えてくれません。積極的に外部に向け

ふじえだ整体　近藤諭さん

●YouTube革命者の成功要因

1．顧客目線でのキーワード表現
　専門家が使用する言葉ではなく、一般人である患者様が使う平易な表現を採用。

2．問診・ヒアリング時にキーワードを記録
　問診時に患者様が発する言葉に注目し、キーワードを記録して題名に活用。

3．「お客様の声」撮影の工夫
　顔出しを嫌がるお客様の背後から撮影し、「お客様の声」動画を量産。

て情報発信するために最適なツールがYouTubeだったのだと実感しています。」

安定経営を実現した近藤さんは、次なる目標として月間一〇〇本の動画投稿を目指して、取り組みを始めました。

「自己紹介の動画でも何でもいい。一歩踏み出せば、人生もビジネスも何かが変わってくるのです。」

料理の道、整体師の道と新しい世界に勇気を持って一歩、足を踏み出すことの大切さをこれまでの人生で学んできた近藤さんは、YouTube動画戦略について も、今も経営に苦しんでいる方に対して、勇気と自信を持って実践に移すことの重要性を訴えています。

映像コンテンツ成功事例2

鐘百繊維工業(株)　山本和弘さん

「倒産相次ぐ繊維業界で一年で利益一〇〇〇万円増加した動画戦略」

●代表的なYouTube動画　YouTube内で「Tシャツ　オリジナルプリント　チーム　クラス」で検索。
既存の写真を有効活用し、動画投稿の効率向上に役立てている。

東京・両国にある鐘百繊維工業(株)は、地場産業である繊維産業が苦戦を強いられる中で、YouTubeをはじめとしたネット戦略で窮状を打開した先端的な会社です。

社長の山本和弘さん（五七歳）の祖父、山本八百次郎氏が一九一三年（大正二年）にメリヤス製品工場として創業した老舗で、山本さんで三代目となります。

一〇〇年を越える社歴を持つ同社ですが、創業時からランニングやパンツといった下着を製造する工場を持ち、順調な経営を重ねてきます。

「売家と唐様で書く三代目、という言葉がありますが、私はその典型の放蕩息子でした。」と笑う山本さんですが、独自の感性でこの老舗を発展させます。

子供の頃から家業の影響から絵を描くことやファッションが好きだった山本さんは、そのスキルを伸ばすために、日本大学芸術学部に進学。在学中にも、デザイン技術の習得に励みます。

大学卒業後、山本さんは修行を経て家に入り、後継者として経営に参画します。

昭和四〇年代前半から、それまで下着として使われていたTシャツがアメリカの流行の影響からデザイン化されたファッショナブルなものとして注目を集め始めました。

同社もその流行に乗り、下着の製造からファッション業へと仕事の位置づけがシフトしていきました。もちろん山本さんの勉強してきたデザインも事業に活かしていきます。

墨田区の南半分を占める本所エリアでは繊維関係の会社が多く地場産業になっています。

山本さんも加盟する東京ニットファッション工業組合の会員数も最盛期は一〇〇〇社を数

えました。

しかし、その会員数も現在は約三分の一の三八〇社に減少しています。その原因は、現在のものづくりに関わる中小企業と同様に、中国の台頭です。山本さんと同じ二代目、三代目の経営者で組織する一五名の同業者のグループがありましたが、現在残っているメンバーは山本さんも含めて五人になってしまいました。

平成に入ってから中国の安価なものづくりの勢力が、繊維、ファッションの業界にも押し寄せ、本所エリアの企業は大打撃を受けてしまいました。

ユニクロの例を挙げるまでもなく、ファッション業界の製造の現場は完全に中国に移転してしまい、価格競争の波に国内のファッション製造業は完全に飲み込まれてしまったのです。


「まるで勝負にならない価格競争です。最初は中国の動きに楽観的だった仕事仲間も、中国の影響で次々と会社をたたみ、あっという間に組合や仕事仲間のメンバーも三分の一になってしまったのです。」

山本さんは、この二〇年間を振り返り、唇をかみます。

中国勢力の進出は、当然、山本さんの会社にも大きな影響を与えます。山本さんが手がけるTシャツは、洋服店で販売されるものの他に、ミュージシャンが公演会場で販売するグッズとしてのTシャツ、サークルのメンバーで着用するユニフォーム的なTシャツなどがあります。

そのようにTシャツのマーケットは広がっても、中国勢の勢いは増すばかりで、山本さんたちの売上には一向に伸びないのです。

また、Tシャツ製造の新規参入者が増加したのも、中国に安価で依頼しやすくなった環境の変化によるものです。このように老舗の山本さんへの逆風が次々と押し寄せます。

二〇〇〇年代に入り、山本さんはこうした逆風をはね退けるために本格的にネット戦略に着手します。

まず自社サイトを制作し、そのサイトの閲覧者を増やすために、ヤフーなどの検索エンジンに広告を出稿します。まだネット黎明期でしたので、現在の一〇〇分の一ぐらいの広告単価です。

月額の費用にしても五万円から七万円ぐらいの費用で、常にヤフーの検索結果の最上部に自社の広告を表示させることができました。

しかし、次第にネット広告のシステムが変わったり、広告費用が高騰したことにより、あっという間に月額広告費は五〇万円に跳ね上がりました。年間では五〇〇万円の費用になりました。

広告単価がワンクリックで一〇〇〇円を超えたときに、山本さんはネット広告依存型のネット戦略からの脱却を図ろうとします。

「ですが、ネット広告は麻薬と同じです。やめるにやめられないのです。出稿をやめたら、Tシャツ制作の依頼が激減するのではないかという不安から、良くないものと認識していながらも、なかなかネット広告から抜け出すことができませんでした。」

広告費用がかかるとはいえ、注文が安定してきた時期でしたので、山本さんはアナログ営業に逆戻りする気にもなれずに、高騰する経費に頭を悩まし続けていました。

そこで、当時、YouTube戦略の啓蒙活動を展開していた私のことを知った山本さんは、私に電話をかけます。平成二三年の大晦日でした。

年明けの平成二四年一月に私と面会した山本さんは、私からYouTube戦略のレクチャーを受けます。山本さんはメモを取りながら、熱心にコストゼロでできるネット戦略であるYouTube戦略を習得しました。

翌日から動画撮影、YouTube投稿を始めた山本さんは毎日、背水の陣でYouTube戦略にのぞみ、欠かすことなく動画投稿を続けました。

山本さんは、動画の投稿を実践する中で、パソコンの中のデータを見ながら、あることを思いつきます。

「そうだ。うちの会社には、過去に制作したTシャツの作品の写真がたくさんある。このデータを活用したらスライドショー的な動画を大量に作成できるはずだ。」

山本さんは、動画をより効率的に作成するために、過去の作品の写真を映像編集ソフトを用いてつなぎあわせ、紙芝居的な動画を量産しようと考えたのです。

この方法なら、現場で撮影題材不足に悩まされることなく、継続的に動画の作成と投稿を続けることができます。

山本さんは水を得た魚となって、更に動画投稿のペースを上げました。

動画の投稿件数は一年もたたない内に、複数運用している会社のYouTubeチャンネルで合計二五〇〇本を越えました。

山本さんは一年で二五〇〇本を越える大量の動画を投稿できた要因として、このように語ります。

「私は元来、超アナログ人間。技術的に高度なことはできませんでしたので、自分でも実践できる最もシンプルな方法がスライドショー的な動画の量産だったのです。菅谷さんからは毎日最低一本投稿して下さい、と言われていましたので、この方法を習慣づけして、とにかく続けようと考えたわけです。」

自分の得意パターンを構築したことが、結果的に山本さんを成功に導きます。写真館など手持ちの写真データが多い企業などは応用ができる方法といえます。

また、YouTube戦略の要であるタイトルのキーワードについては、大学のサークルのそろいのTシャツなど、担当してきた仕事の延長線上にあるキーワードをタイトルに加えていきました。

また、お客様との商談や仕事仲間との会話の中に出てくる言葉を丹念に記録して、キーワードに織り込みました。

「取り扱い品目をとにかく徹底してキーワードにしていきました。その上で、幅広いジャンルのTシャツ製作関係のキーワードで検索されるようにしました。」

また、スムーズに効果的なキーワードをタイトルにした動画を大量投稿が出来た要因と

して山本さんは、

「深く考えすぎると実践のスピードが遅くなります。再生回数が少なくても問題ないという気持ちで、とにかく思いついたキーワード、会話の中に出てきたキーワードを広く浅く設定する姿勢で取り組むことが大切です。」

と語ります。

山本さんのYouTubeチャンネル内では再生回数が一〇回以下の動画も目立ちます。ですが、こうした再生回数よりも、二五〇〇種類以上のキーワードをカバーしていることの方が重要というわけです。

とはいえ、山本さんのYouTube投稿には、キーワード選定において明らかに意識している戦略があります。

それは、「純国産の高品質のTシャツを製造する」という競合である中国製を意識したキーワード選定です。

東京の本所エリアの地場産業として創業一〇〇年を迎えた同社のプライドが、YouTubeのタイトルにも自然と反映されていったのです。品質の良い日本製であることを改めてセールスポイントとして訴求していこうと山本さんは心に固く誓ったのでした。

「東京オリンピックもありますし、メイドインジャパンの言葉は今後も世界的に注目を集めるキーワードだと思います。このキーワードのもと仕事が出来ることに大きな喜びを感じています。」

東京は、パリ、ミラノと並んで世界的にも有名なファッションの拠点です。山本さんが生まれ育った本所エリアへの感謝の気持ちも込めて、今後のYouTube動画投稿でも、日本、そして東京というキーワードは強化していくつもりです。

実際に、問合せや注文があったお客様を分析してみると、「日本製」、「メイドインジャパン」、「東京製」のキーワードを重視していることが分かります。

国内のTシャツ市場の九六パーセントは中国製という状況の中で、残りの四パーセントをアメリカ製と日本製で争っているのですが、逆に言えば、国内でも数パーセントのお客様は日本製の確かな品質を求めている人が存在するのです。

山本さんは、少ないながらもそうしたニーズを確実に押さえるために、自社の特徴が反映されたキーワードをYouTubeのタイトルに設定し続けています。

「私たちは中小企業。そうした小さくとも絞り込まれたニーズに対して的確にアプローチすることで十分な利益を獲得することができるのです。」

鐘百織維工業（株）　山本和弘さん

●YouTube革命者の成功要因

1．自社の強み、USPを構築してキーワード化
国産にこだわるなど他社との違いを分析の上、動画を展開。

2．動画作成の効率化
既存の写真を活用したスライドショー形式の動画を量産。

3．年間2500本の大量投稿
成熟業界ゆえの厳しい環境を勝ち抜くために、一段高いハードルを設定。

YouTube戦略で成功を手にした山本さんは、年間で五〇〇万円近くかけていたネット広告費用を削減することができました。

その上で、五〇〇万円以上のYouTube経由での受注を獲得し、年間ではYouTubeによって一〇〇〇万円の利益アップになりました。

「ネット広告から脱却できたことが本当に大きい。これからYouTube戦略を始める方に伝えたいことは、とにかく実践が大事だということ。考えている時間があったら一本でも多く投稿するという姿勢が、ビジネスの世界では勝者と敗者を分けるのです。」

そのように力強く語る山本さんの取り組みは、地元の地場産業の仲間たちにも大きな希望を与えています。

映像コンテンツ成功事例３

HI-LINE22(株) 平井宏治さん

「問い合わせ三〇倍。YouTubeで年間売上の九割を獲得する日本一のガラス再生技術者」

●代表的なYouTube動画

YouTube内で「鏡　ウロコ汚れ　落とし方」で検索。

現場の臨場感あふれる動画は、半信半疑のお客様の不安感を払拭している。

ガラス再生、リニューアル&リノベーション専門会社、HI-LINE22（株）の代表を務める平井宏治さん(四六歳)は、YouTubeだけで年間の売上の九割を獲得する投稿実践者です。

小田原に生まれた平井さんは、幼少時に両親が離婚、母親の手ひとつで育てられました。小学校時代だけで四度の転校を経験し、秋田、山形と住まいも転々としました。

母親は昼は保険の営業、夜は水商売で働き、平井さんは四歳下の妹の面倒も見ながら、中学生の時には、休みの期間はすべて箱根のホテルなどの住み込みのアルバイトでお金を稼ぎました。

自宅に電話もなく、卒業文集の連絡先には、隣家の呼び出しの電話番号が書いてあったと笑う平井さんですが、妹の食事の世話やアルバイトの現場で調理の楽しさに触れ、また、良い食材を引き立たせるのも包丁などの道具や腕次第であることを覚えていきます。


中学卒業を控えた平井さんに、運命の出来事が起きます。

進学を考えていた平井さんの目の前に、離婚して別れた父親が現れたのです。

「学費は自分が負担するから、調理師学校へ進学してみろ。」

渡りに船と感じた平井さんは、母親の反対を押し切り、父親の援助を得て神奈川県南足柄の調理師学校「崎村調理師学校」に進学します。

水を得た魚になって一年間、調理の勉強をした平井さんは、卒業後、有名レストランに就職が内定し、その将来は前途洋々に見えました。

すると、父親が平井さんの前に再び現れ、このように言うのです。

「お前は、オレが経営する建設会社で働け。レストランに就職することは許さない。学校の方にも、そのように言っておいたぞ。」

話が違うと食いかかった平井さんですが、学費を負担してもらったことから父親に押し切られ、調理師の世界を捨てて、スコップを持つ建設の世界に進むことになりました。

仕事が嫌で無断欠勤すると、母親が責められます。そんな母親が可愛そうで仕方なく職場に行く。その繰り返しの日々でしたが、「だったら早く稼いで、父親に学費を返済して、仕事を辞めよう」と考えた矢先に平井さんは、バイクの事故で大怪我を負ってしまいます。

救急車で運ばれた平井さんは、全身打撲、左靭帯切断、半月板損傷の重傷で、三年間の入院生活を送ることになります。

一六歳から一九歳までの、青春を謳歌すべき時期に平井さんは、病院の中で本を読んだり、音楽を聞いたりして、悔しさを紛らしました。

退院後は、再び、父親の会社で現場仕事。夜は隠れてスナックで働き、調理の勉強をしながらお金を稼ぐ日々が始まりました。

昼間の仕事は、道路工事が中心で、平井さんは三六歳になるまで一七年間、その会社に勤務します。

その中で、平井さんは持ち前のチャレンジ精神で、現場監督もこなしながら、役所への事務手続き、入札、営業、積算、見積とオールラウンドに仕事をマスターしていきます。

バブルなどの追い風が吹いたこともあり、社員数も最大で一五人、短期の外国人労働者も含めると四〇人近くのスタッフで複数の現場を稼動させました。

また、平井さんがリーダーになり、当時、出始めたばかりのWindowsのパソコンを会社に導入し、毎晩深夜に及ぶまで社員に自腹で残業手当を払いながらパソコンの操作を指導しました。

次第に施工計画書など役所への提出資料のレベルも高くなり、市役所内でもその書類の完成度は有名になるほどでした。

会社の中に派閥も出来、会社に対して納得できないことが多くなった平井さんは、二〇〇四年に独立開業、横浜でＨＩ－ＬＩＮＥ22（株）を創設します。三六歳のときでした。

最初は、前職時代の経験を活かし建設関係や道路工事をしていた平井さんですが、開業翌年、アスファルトのコンクリートの滑り止めの仕事をやっていたことから、小田原市栢山にある「二宮尊徳記念館」から、御影石が滑ることによる転倒事故を防止する提案を求められます。

「とにかく素材の外観は一切変えずに滑り止めの処理をして欲しい。別の素材を塗ったり、切ったり貼ったりはいいが、良質の石材を使用しているので、外観は変えて欲しくない。」

そんな要望に技術力で見事に応えた平井さんは、滑り止めの需要があるターゲットに営業を展開していきます。

プールや銭湯など、同じように転倒事故が起きやすい場所へ、滑り止めの提案をすると、面白いように次々と仕事が獲得できました。

平井さんの採用した技法は、素材を塗るのではなく、床を洗うような感覚でタイルなどの上で行うもの。それで外観をまったく変えずに滑り止めの効果を発揮させてしまうのです。

プールや銭湯の仕事を続けていく中で、確かな技術と丁寧な仕事ぶりで信用を獲得していった平井さんは、「実はこんなことでも悩んでいるんだ」と顧客から相談されたのが、鏡に付着する水垢の問題でした。

道路工事の経験は豊富な平井さんでも、ガラスや鏡は未知の世界。材料や施工法などの研究が始まりました。

そこからは失敗の連続。どのような材料を使用して鏡の水垢を落とそうとしても、まったく水垢が落ちないのです。強い液体で試してみると、今度は鏡ごと真っ白になってしまいました。

一般の清掃業者が使用する研磨材では、一度は汚れが落ちても、鏡が傷だらけ。水を拭きとって鏡が乾くと、驚くほどの傷が鏡に現れたのです。

一年間、膨大な費用をかけて様々な材料や施工法を試行錯誤した平井さんは、「日本一失敗した男（ガラスを駄目にした男）」と今日、キャッチコピーとして掲げるに値するほどの経験を積んでいきます。


機材と研磨剤を購入しても、磨き方が分かりません。メーカーに尋ねても、施工法については明確な回答が返ってきません。

「一度、私の現場に来て、きちんと説明して欲しい。」

平井さんのクレームに応える形でメーカーから派遣されてやってきたのが、のちに平井さんの師匠となる技術者でした。

平井さんの目の前で研磨をする技術者は、ものの見事に平井さんが解決できなかった汚れを落としてしまいました。

平井さんは、調理師時代に覚えた、「どんなに素材が良くても、その素材を生かすも殺すも腕次第」ということを改めて痛感したのでした。

同じ素材を使っても、技術がなければ汚れも水垢も落ちないことを知った平井さんは、以来、師匠から技術指導を受けるようになり、確固たるガラス、鏡の汚れ落としを学び、挑戦と失敗を繰り返しながらも傷消しの技術を磨いていくのでした。

四人の社員によるテレアポとダイレクトメールによって獲得したスーパー銭湯などの見込み客に、「まずは一度見てください」とデモ施工をすると、そのガラスのウロコ取りの抜群の成果を見たお客様からは、滑り止めの施工を必ず受注できるようになりました。

ネット戦略については、創業と同時にホームページを開設。YouTubeへの本格的な取り組みは、二〇一〇年からでした。

それまで世界中のメーカーから機材や材料を仕入れて圧倒的な試行錯誤の末に開発した「平井流ガラス再生法」の現場を、動画によって公開していきました。

平井さんは、ガラス修復の現場に三脚を立てて、小型ビデオカメラを使用し、継続的に動画を撮影、投稿していきました。水で濡れる可能性もある現場もあることから、カメラは防水仕様です。

また、現場によっては超小型カメラ「GoPro」も活用、ポケットにも入れておけるカメラの使用によって、平井さんひとりで撮影できる場面が飛躍的に広がりました。

平井さんの携わるガラスのリニューアルは、業界も狭く、技術的な難易度も高いことから、単価も高い仕事です。ガラス修復は、リペア業界全般で見ても非常に大きな参入障壁があります。ランチェスター経営戦略的にも、平井さんは理想的な方針のもと経営を進めてきたことになります。

また、平井さんは、ガラスに関する悩み、困りごとを丹念に言語化し、「水垢」、「ウロコ」に関するトラブルをタイトルに設定する一方で、「ガラスの傷」に関するキーワードを重点的に押さえていきました。

その結果、Googleで「ガラス　傷消し」というキーワードで検索すると、平井さんの投稿したYouTube動画が見事に一位に表示されるようになりました。

そのような精力的なYouTube投稿により、平井さんの会社に明らかな変化が起こり始めました。

一ヶ月に一件ぐらいだったネット経由の問い合わせが、毎日必ず一件の問い合わせが届くようになったのです。

気が付くと、それまで取り組んでいたテレアポやダイレクトメールのようなアナログの手法に頼らなくても、安定的な仕事の確保ができるようになりました。

依頼主に聞いてみると、ほとんどのお客様が「YouTubeを見ました」と答えます。

ホームページ経由のお客様も確認をしてみると、大半が「YouTubeを見て、そこからホームページへアクセスした」というお客様です。

平井さんのYouTube戦略は、その絞り込んだ技術分野とニーズから大きく花開き、実に一年間の受注の九割はYouTube経由という結果を生みました。

「ガラスの傷は本当に消えるのか、という疑問がお客様にはあります。それを写真で説明しても十分な説得力を持って伝わらなかったのです。でもYouTube動画であれば、このように消えるのだ、と納得してもらえるのです。現場の音やどのような機材で施工するのかまで分かるので、お客様がイメージしやすいのでしょう。」

そのように語る平井さんですが、問い合わせ者の質は良好で、成約率は九割を超えるといいます。

また平井さんは技術の伝承を目的に、日本一失敗した男から学ぶガラス再生術「Glassアカデミー」を二〇〇八年から主宰し、これまで八〇名以上の修了生を輩出しています。

このアカデミーでは、受講生に対して、作業風景を撮影して自分たちでマニュアルを作ることを指導しています。同時に、動画を活用した営業や動画の作り方も教えています。

「生徒さんには、内容とＢＧＭの音楽はどうでもいいから、キーワードが大事だということや、一番になるキーワードを見つけることの大切さを伝えていますね。」

平井さんのアカデミーの修了生の中には、最短で動画投稿一ヶ月で施工案件の受注が決まった方もいます。

それまで下請け、孫請けの仕事しかしたことのない職人さんにとって、エンドユーザーから直接依頼が来るという夢のような話が実現できたのです。

平井さんは、YouTubeの有効活用を、自身の経営だけでなく業界発展のために、積極的にアカデミーの受講生にも指導をしていくつもりです。


「技術者はこれから調理人になれ、と私はいつも言っています。一流の調理師になれば、どのメーカーのどの材料を使うかは自分の自由なんだ、ということです。最適な素材を使って、お客さんが食べたいものを出してあげる調理師を目指すべきです。」

平井さんは、調理の世界にいた頃の経験をもとに、ガラス再生職人の理想像をそのように伝えています。


「動画投稿の最初の一〇本、二〇本は反応が薄いんです。そうした停滞期を乗り越えて、一本でも問合わせが来れば継続できるのです。停滞期を乗り越えるのは、やはり動画の本

HI-LINE22（株）　平井宏治さん

●YouTube革命者の成功要因

1．一位作りを重視したテーマ選定
「ガラス傷消し」など一位を獲得できる分野から段階的に動画展開。
2．小型カメラの活用
GoProなど現場の臨場感を伝えるための機材を有効活用して動画を撮影。
3．顧客の悩みごとをキーワード化
ガラスの関する「うろこ」「水垢」など顧客が発する悩みごとの言葉をキーワードに設定。

数です。」

平井さんは、自身のYouTube戦略の成功要因をそのように振り返り、またこれからの実践者にも熱いエールを送っています。

平井さんが苦難に満ちた人生の末に確立した、世界トップクラスのガラス再生技術は、これからも業界のスタンダードとして、世界中の建物を舞台に活躍していくはずです。

第5章

YouTube
第二ステージ戦略
【必勝キーワード構築編】

必勝キーワード構築成功事例1

（株）スケッチ　高堰督裕さん

「一年で特殊塗料を海外二〇ヶ国に販売。売上八倍に」

東京・浅草橋にある塗料製造販売（株）スケッチの取締役、高堰督裕さん（四一歳）は、同社にヘッドハンティングされて七年目になります。

同社は、窓ガラスの遮熱断熱ガラスコーティング剤を主力商品とした会社で、二〇〇八年に「省エネガラスコート」というローラーで施工が出来る特殊な液を開発しました。

高堰さんが入社した当時は、「ＥＣＯビジネス倶楽部」という施工店の全国組織を構築し始めた頃でした。「ＥＣＯビジネス倶楽

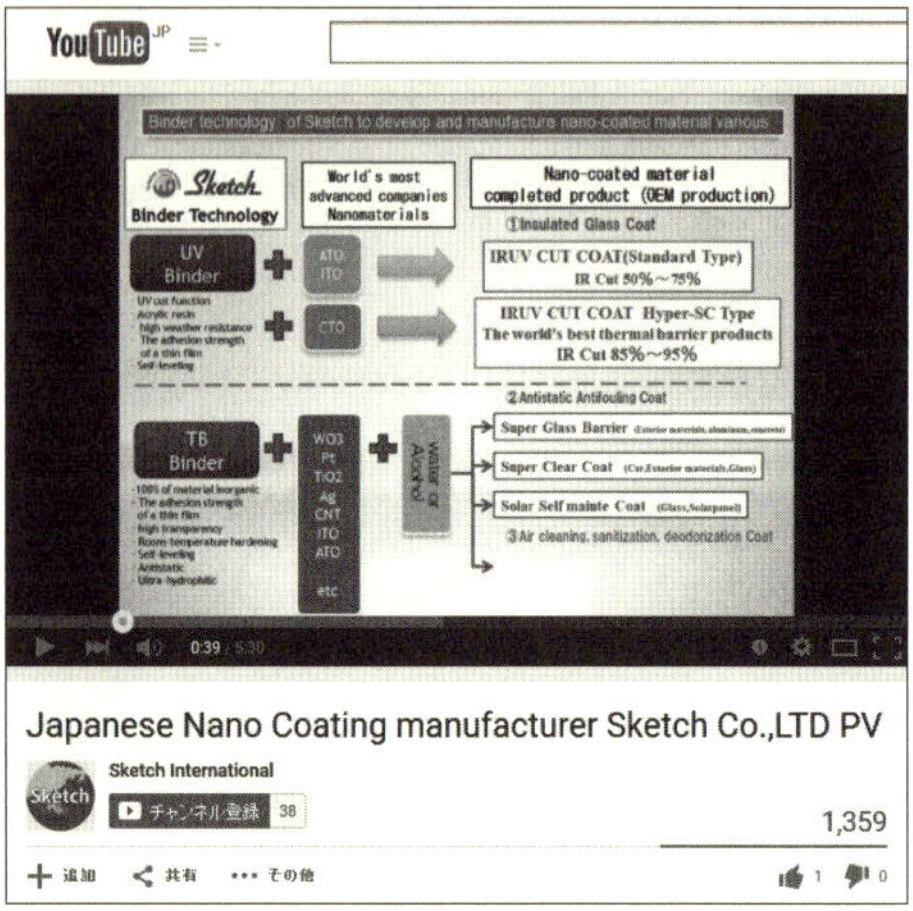

●代表的なYouTube動画

YouTube内で「sketch international」で検索。

既存の海外向け資料を活用し効率的に海外向け動画を作成。タイトルにも有効なキーワードを翻訳して設定。

部」を国家基準の規格が取得できる団体にして、塗装業界の健全化とマーケット拡大に取り組もうという狙いです。

高堰さんは、「ＥＣＯビジネス倶楽部」代理店五〇社を管理することから始め、その後、取引額が一〇〇万円から三〇〇万円規模の代理店を毎月五件ぐらいずつ開拓していきました。

当時の高堰さんの代理店獲得のための手法は、ホームページの運用と人脈を駆使した紹介営業、業界紙への広告掲載でした。

「養生」という言葉の意味も分からないぐらい建築業界未経験の高堰さんは、ネットで調査を重ねながら代理店説明用の資料を整備していきました。

「塗装のローラーも触ったことのない私だが、異業種から参入した客観的な視点で、建築、塗装業界に欠けている点を冷静に分析していこう。」

そんな想いを胸に仕事をする高堰さんに、二〇一一年、東日本大震災による節電の動きが背中を押す形になり、同社の省エネ塗料「断熱ガラスコート」が一層注目を集めていきました。

高堰さんは、そんなあるとき「ＥＣＯビジネス倶楽部」代理店の一社、（株）冨山塗装の冨山達也社長から私が提唱するYouTube戦略のことを知ります。すでに冨山社長は戦略的なYouTube活用で売上アップを果たしていました。

それまで代理店への説明用の長編動画こそ活用していたものの、代理店の新規開拓や集客のための動画活用という概念が高堰さんにはありませんでした。

「断熱ガラスコートを効果的にPRしたり、工事案件を獲得するためにYouTube動画を活用することに加え、YouTube戦略を学べば、代理店のメンバーにもその手法をシェアできるぞ。」

また、その頃、同社では海外のマーケットへの展開を模索し始めていた時期でもありました。言語の壁を乗り越えて、世界に向けて自社商品をアピールする効果的な手段としてもYouTubeに注目したのでした。

それまで、同社が海外展開を積極的に取り組まなかったのは、コミュニケーションや文化の問題から売上が発生するまで時間を要する傾向があるのと、液剤の商品がアルコール扱いになるため輸送手続きや税金などが煩雑なためでした。

また、海外から問合せがあると、製品の特性上、一度、現地に訪問してデモ施工などを行ったりと、営業効率の悪さが問題点でした。

二〇二三年七月から月に一度、私の指導を受けながら、高堰さんは国内外向けのYouTube動画戦略の実践を開始します。

まず、代理店本部の高堰さんが、塗装現場や液剤の説明などを動画にしてYouTubeに投稿を始めると、多くの動画がGoogle検索で上位表示を達成したのです。

続いて、国内代理店にYouTube動画戦略の手法についての情報を共有し、全国各地の代理店が各々、YouTubeの大量投稿に取り組み始めました。

すると、地域密着で塗装業を営む代理店が投稿する動画が、地域名を含めた検索キーワードで続々とGoogle検索上位表示を達成し、効果が表れました。

代理店のメンバーには、塗装業以外に複数の事業を行っている会社もあり、それらの事業でもYouTube戦略を応用すると、同様の成果が表れました。

「メンバーの皆さんでYouTubeを大量に投稿し、最強の組織を作っていきましょう。」

高堰さんは年に数回開催される代理店会議で、組織的なYouTube大量投稿を呼びかけ、集団のパワーでネット上における業界のシェアを高めていく作戦を進めていきます。

各代理店は全国各地で活動する塗装会社などがほとんどです。彼らが、仕事を獲得するための営業を効率的に行うことができれば、結果的に組織全体の業績アップに役立つと考えたのです。

高堰さんの呼びかけに応じた代理店各社は精力的に動画投稿を実践し、効果の表れた代理店から本部の高堰さんに次々と喜びの声が寄せられ、高堰さんはこの作戦の成功の感触を抱きます。


次は海外へ向けたYouTube戦略です。

国内で成功の感触をつかんだ高堰さんは、日本国内向けに投稿した動画の内容を英語版に翻訳し、別に海外用に用意したYouTubeチャンネルに投稿し始めました。

国内の中小企業の取り組みとしては、海外に向けたYouTube戦略は前例がありません。そうした前人未到の荒野に向かい、高堰さんは根気強く検証を重ねていきます。

海外向けの動画発信は、同時に自社製品の動画を用いた説明用資料の充実にもつながり、一石二鳥です。


「海外のお客様は、まず商品の詳細を知りたいはずだ。そして、その次に価格や条件面の交渉になる。効率的に商品詳細を伝達する第一ステージさえ早く乗り越えれば、うちの商品は全世界に受け入れられるんだ。」

自社製品に自信を持つ高堰さんは、短期間に日本語版の動画と資料を英語に作り直しました。

その過程で高堰さんは、もうひとつ強力な武器を手に入れます。

無料ホームページ制作プログラム「Jimdo（ジンドゥー）」です。

Jimdoは、インターネット上の無料のサービスであるにもかかわらず、初心者でも簡単なマウス操作で、ひとりいくつでもスマホ版対応のホームページを作成できるサービスです。

高堰さんは、英語版、韓国語版、中国語版と、その言語ごとにJimdoを使ってホームページを制作し、公開していきました。

それらの外国語版の各ホームページには、高堰さんが苦心して編集した動画も織り込んで、視覚的にも訴求力のあるホームページにしていきました。

外国語版のYouTube動画から誘導するランディングページ（着地ページ）には、それらのJimdoで構築したホームページを設定し、海外からの問合せを受け入れる体制を作りました。

半年が経過した二〇一四年の六月ぐらいから、高堰さんのもとに海外からの問合せが増え始めました。

「よし。YouTubeのタイトルに設定するキーワードさえ間違っていなければ、日本で成功した原則が海外にも応用できる。」

海外向けの戦略も成功を確信した高堰さんは、その後もコツコツと大量のキーワードを押さえるための露出拡大用動画を投稿し、また詳細説明用の動画も充実させながら、同時にホームページも進化させていきました。


高堰さんのもとに届く海外からの問合せは、三日に一度のペースまで上昇しました。いずれも、冷やかしではなく、すでに製品の取扱を決定した契約寸前のお客様です。

海外から問合せをいただくお客様は、高堰さんの発信する製品紹介のYouTube動画を見て、製品の仕様、性能、特徴などを細かく理解した上で問合せのメールを送ってくるお客様なので、契約に至る営業プロセスも非常に効率的です。

アクセス解析を見ると、従来運用していた公式ホームページと同等のアクセスが、Jimdoで制作したホームページに集まるようになりました。

高堰さんは次にスペイン語版を視野に入れて、翻訳の準備にとりかかっています。成功パターンの手法を理解してきたので、多言語展開がひとりでできるようになったのです。

高堰さんがYouTube海外展開をしていく上で、重要視したのはやはりタイトルに設定するキーワードです。

「Japan nanocoating」というキーワードは海外展開する上で基軸となる同社のキーワードですが、私から指導されたツールを活用して、更にキーワード展開し、「Inslation window」など断熱系のキーワードを押さえていきました。

「現場に行くと、皆さんが当社のYouTube動画を見ていると言います。事前情報が充実しているので、実際の製品がYouTubeの動画通りであることを確認して、即契約になるのです。YouTubeを活用する前は、商品知識がないお客様のところに行き、一から説明していたので劇的な営業の効率化です。」

細かい製品に関する技術資料、成分表などの資料はすべて、「Jimdo」で作成したホームページに掲載されていることも、営業効率化の大きな要因です。

高堰さんが扱う「断熱ガラスコート」は遮断熱塗料なので、最初は東南アジアや中東など暑さに悩んでいる土地からの問い合わせが多かったのですが、次第にチェコ、ロシア、ブラジル、クェートなど世界各地へと問合せのエリアも広がり、今では世界二〇ヶ国に代理店の輪が広がりました。

最近では、国家機関に近い準国営企業のような大手企業の問い合わせも増えてきています。また、アメリカの著名な建築デザイナーからもアメリカでデモ施工の依頼があったり、中国で三本の指に入る投資会社グループからの依頼で、そのオーナーの部屋にデモ施工をするなど、客層も向上しています。


「菅谷先生のYouTube戦略の実践は、継続習慣化が求められます。私も菅谷先生の話を初めて聞いたときに、迷わず『すぐに一〇〇本目標でやります』と宣言して実践しました。私の場合、これは会社にとって必要なことだと直感して、やりたいと心から思いました。ですから、このYouTube戦略を知った方は、素直に実践してみるといいですね。」

高堰さんの会社は、社員数わずか一〇名の中小企業。YouTubeやJimdoを使わずに、世界展開をしようとしたら大手商社に莫大なマージンを支払わないと難しかったでしょう。

しかし、無料で使用できるYouTubeとJimdoを最大限に活用することで、一年で二〇ヶ国に販路を広げ、製品の売上を八倍にすることができたのです。

二〇年前には考えられない出来事が、東京の下町では現実に起きているのです。

ネットがつながっている場所であれば、世界中どこへでも自社製品をアピールできる環

（株）スケッチ　高堰督裕さん

●YouTube革命者の成功要因

1．YouTube戦略の海外展開
タイトルを英語など外国語に設定し、海外からの問い合わせ獲得。
2．戦略的LP
Jimdoなどのサイト制作サービスを活用し、英語版、中国語版など各言語版を効率的に作成。
3．組織的な大量投稿
加盟する代理店と協力体制での大量投稿を加速。

境は整っています。
　同社のようなナノテクノロジーコーティングというニッチな業界で市場が小さくても、品質さえ世界に通用するものであれば、あとはYouTube投稿の実践あるのみです。
　自社にあるオンリーワンの部分にフォーカスした動画発信により、高堰さんのもとに起きた体験のように、世界中からそれを必要とする人が現れるのです。

「もし、YouTube戦略を提唱する菅谷先生や先駆けて実践していた仲間の冨山塗装さんがいなかったら、私は今、ここにいないと思います。販売促進責任者の私が結果を出せなかったら、会社は私を必要としないはずです。」

　YouTube戦略と出会い、海外進出を短期間かつ、超低コストで実現できた高堰さんは、今も二日に一度は世界中のどこかの国から届く問合せに対応しながら、着実に世界に向けて高品質の特殊塗料を広げていっています。

必勝キーワード構築成功事例２

奥野社会保険労務士事務所　奥野文夫さん

「競争激化の社労士業界で毎日問合せを獲得」

●代表的なYouTube動画

YouTube内で「社長　年収　老齢厚生年金」で検索。

3000本を超える動画の中で最も再生回数が多い動画。顧客ニーズを見定めて動画化してヒットした事例。

滋賀県で社会保険労務士事務所を経営する奥野文夫さん（五一歳）は、福岡生まれの京都育ち。その後、滋賀に移りました。

ネクタイの製造販売をする会社に勤務する誠実な父親の背中を見て、奥野さんは、今日につながる仕事に対する基本姿勢を学んでいきます。

中学、高校は趣味の音楽に夢中になり、ベースの演奏にのめりこんだ奥野さんは、プロのベーシストになる夢を抱きながら、東京都内の大学に進学します。

昼間は勉強、夜は著名なアーチストのバックで演奏をし、レコーディングやコンサートツアーにも参加するほどでした。

しかし、楽器奏者の給料を見て音楽業界の現実を知った大学四年の奥野さんは、自分の将来を想像し、卒業後の就職について真剣に考え始めます。

帰郷した奥野さんは、一九八九年、京都にある大手損害保険会社の代理店を育成する支社に入社、約三年間、保険販売の修行をします。

日中、外回りをして自動車保険や火災保険の営業活動をしながら、二〇名の仲間と共に商品知識を身につけるための研修を受ける濃厚な毎日を送ります。

営業手法は完全な飛び込み営業。担当の大阪府豊中市の住宅地図をコピーして、そこに掲載されている家庭を一軒一軒訪問しました。

ですが、そんな飛び込み営業ではまったく契約が獲得できません。営業マンとして、確かな手ごたえを感じられないまま、三年二ヶ月の研修期間が過ぎていきました。

研修期間を終え、保険代理店を創業して四年目を迎えた奥野さんに、人生を大きく変える転機が訪れます。

奥野さんの成績不振を心配した研修時代の同僚が、ある協同組合への営業に同行させてくれました。

そこで保険商品を販売せずに、組合の会員向けに福利厚生に関するアンケートをとらせてもらうことにしたのです。

当時の中小企業では、雇用保険に未加入の企業も多く、退職金の積み立てもしていないことが分かりました。このようなデータを組合に提供すると非常に感謝されました。

その後、組合員企業に訪問して保険証券の診断サービスなどをさせてもらい、続々と保険の契約が獲得できるようになったのです。

「つい最近まで門前払いばかりだったのに、どうして急に契約が獲得できるようになったのだろう。やはり、先に相手が喜ぶことを提供することが大事なんだ。」

訪問企業の中には、「あんた、損害保険も、生命保険も、労災保険も、雇用保険も、健康保険も、厚生年金も、全部分かるやろ。」と保険全般に渡って相談されることがあり、奥野さんは保険の営業マンとしての自信を次第に身につけていきました。

その過程で事前調査が必要な場合には、関係する役所に話を聞きに行ったり、本を読んで知識を積んでいきました。そんな調査の中で、奥野さんは、社会保険労務士という資格があることを知ります。

「労災保険などの相談を受けて、労働基準監督署などに話を聞きに行ったり、本を読むたびに社労士のことが出てくる。よし、この資格を頑張って取得しよう。」

夏の試験まで五ヶ月を切っていましたが、猛勉強をして奥野さんは一発で社労士の試験に合格します。

保険代理店を創業してから七年後には、奥野さんは社労士として活動が出来るようになったのです。

社労士の資格取得後は、雇用保険関係の助成金で、新規創業会社の従業員六名までの給料の半分を一年間補助する制度を活用した提案が大当たりして、その成果報酬型のコンサルティングで利益を獲得します。

一日で五〇万円以上の利益を獲得する奥野さんは、社員も三名雇い、経営は順調に見えました。

二年ぐらいすると、その助成金の規模が縮小され、ついには二〇〇一年、その助成金は廃止され、奥野さんは売上の柱を失ってしまいます。

奥野さんは、小規模の保険代理店収入や企業の顧問契約料だけで食いつなぐ毎日を過ごしますが、そんな苦しい現実から逃れるように奥野さんは趣味の釣りや音楽に癒しを求めます。

その後、五年ぐらいの間、明確な経営の打開策を講じないまま、奥野さんは時間を浪費します。

奥野さんは業績不振の打開策を見出そうとセミナーに通い、その中で、中小企業の社会保険料に注目します。中小企業の経営者が抱える社会保険料に関する悩みを解決できないかと考え、ネット営業の必要性を感じ、二〇一三年三月、ホームページを開設します。

ネット活用の勉強会にも入会し、奥野さんは五年間の遅れを取り戻す勢いで、貪欲にネットをフル活用した広報宣伝を展開します。

さらにネット営業に加速をつけたかった奥野さんは、ネット活用の師、平賀正彦先生の勉強会で事例として紹介されていた「菅谷式YouTube戦略」を知り、私の著書「あなたが先に儲けなさい」（経済界刊）を手に取ったことから、私のコンサルティングを受けます。

二〇一三年七月に私から指導を受けた奥野さんは、試行錯誤を繰り返しながらYouTube

動画投稿を続けます。ただし、実践し始めてすぐに、手ごたえを感じられるような反応は得られませんでした。

「菅谷さんの本に書いてある実践成功者だって、一〇〇〇本も二〇〇〇本も投稿して成功しているんだ。自分もがんばろう。」

奥野さんは、私の著書に書いてある「継続は力なり」という言葉を励みに、動画投稿を続けます。

「あなたが先に儲けなさい」、「YouTube大富豪7つの教え」に成功事例として紹介されている経営者の一〇〇〇本超えの動画が投稿されたYouTubeチャンネルをすべてチャンネル登録し、彼らの動画を見て、研究を重ねました。

三ヶ月が経ち、動画投稿が五〇〇本を超えた時期から、奥野さんに動画閲覧者からの問合せが届くようになりました。

「本当に自分の動画を見てくれている人がいるんだ。もっと頑張ろう。」

手ごたえを掴んだ奥野さんは、動画投稿を加速させていき、動画投稿件数は半年後には一〇〇〇本、一年後には二二〇〇本を突破しました。

奥野さんは、YouTubeの投稿を続ける中で、その肝であるタイトルについてであることに気付きます。

「タイトルに含ませるキーワードが、自分のお客様である中小企業の経営者の悩みごとがきちんと反映されたものだろうか。」

奥野さんは、中小企業経営者の社会保険についての悩みごとをキーワード化してタイトルに反映させたりして、試行錯誤を繰り返します。すると、漫然とキーワードを羅列している場合と比べて、明らかに動画の再生回数が向上するのです。

「経営者はこのようなことを知りたいのだから、それらに対して動画で応えてあげたら喜ばれるのだな。」

たとえば、「社長が年収を下げずに老齢厚生年金をもらう方法」という奥野さんの動画は、実に再生回数が五三〇〇回を超えています。これだけ特定分野に特化したテーマの動画であるにもかかわらず、まさにそのテーマについて知りたい経営者からは絶大な支持を得ている動画なのです。

この動画の反応を見て、奥野さんは経営者の年金について、社会保険料削減の一〇倍ぐらいの需要があることを知ります。

つまり、報酬が高い六〇歳以上の経営者が年金を貰えない、という潜在的な不満を解消するニーズが確かに存在し、奥野さんはそこに大きなビジネスチャンスを見つけたのです。奥野さんは自社サイトのトップページに「社会保険料削減」のテーマを据えながらも、様々なネット上の露出を通した動線の着地ページを「年金の復活支援」をテーマとしたページに設定しています。

このようにして奥野さんは、社労士の資格を生かし、具体的な顧客のニーズを分析しながら、より細分化されたテーマについて深掘りし重点的に動画を投稿していったのです。

「同業の社労士からも注目されたせいで、よく動画戦略について教えて欲しいという声をいただきますが、やはり実践できる人は一〇〇人中五人ぐらい。五〇〇本以上投稿できる人は一人もいないのです。技術、知識を知っていることと、徹底して実践できることとは別問題だということです。」

圧倒的な動画投稿によって奥野さんは、年金復活のテーマについては、日本で最も詳しいエキスパートという存在になりました。

また、奥野さんは問合せを頂いた見込み客への回答にもYouTube動画を活用します。一回五万円の「お試しコンサルティング」のフォローアップに、YouTube動画を活用することで、その後の六〇万円の本コースの申し込みの成約率が向上しました。

奥野さんが各種セミナーで仕入れた情報をもとに、検証、試算をして作りあげていった独自のメソッドがフロントエンドの商材として効果的に機能し、それ以外の付随する社労士としてのサービスも続々と契約が獲得できました。

気がつくと、奥野さんは、一年九ヶ月間で二九六件の問合せと、五六件の契約を獲得することが出来ました。売上も短期間に三倍への飛躍です。

しかも、報酬は従来の二・五倍ぐらいに引き上げての結果です。奥野さんのサービスの価値が向上していることが伝わってきます。

「動画の再生回数とかチャンネル登録数は、全く成約に影響しません。また、YouTubeから直接問い合わせをいただくパターンは私の場合には少なかったのです。ところが、動画を沢山見て、色々悩んで何回も見た人が、ホームページなどで裏を取ってから、最終的に問い合わせしてくるというケースが多いんですね。ですから、再生回数は〇でも一でも成約する可能性はあるのです。」

信頼性が大切な士業の世界において、特定分野のネット上での露出において、その検索

奥野社会保険労務士事務所　奥野文夫さん

●YouTube革命者の成功要因

1. 顧客起点のキーワード選定
   見込み客の現場における悩み事をタイトルに設定して有効な反応を獲得。
2. 業界一位、エリア一位の大量投稿
   合計3000本の動画投稿は業界随一。年間1500本ペースでの投稿を継続。
3. クロージング動画の活用
   問い合わせがあった見込み客に個別に動画で回答し契約を獲得。

結果のシェアを独占していること自体が、その道の第一人者というイメージを高め、最終的には成約につながるのだといいます。

「今後も、誠実な経営者のお悩みに寄り添う形で支援をしていきたいです。マイナンバー制度への対応など脚光を浴びているテーマもありますし、そうしたお問い合わせにも支援していきたいです。」

奥野さんは紆余曲折の中で手に入れた成功の味をかみ締めながら、未来に目を向けて瞳を輝かせています。

必勝キーワード構築成功事例３

催眠術師養成スクール in 大阪　城咲蓮さん

「一年間で業界トップのマスコミ露出・業績アップを果たした催眠術師」

●代表的なYouTube動画

YouTube内で「催眠術のかけ方　感覚支配」で検索。

動画の随所にDVD販売へのリンクなど動線を強化しているのも城咲さんの動画の特徴。

催眠術師の城咲蓮さん（二六歳）は、大阪府堺市に生まれ育ちました。

探究心旺盛で、幼少の頃は、近所の川の流れを遡って探検したりしていたそうです。

地元高校卒業後、地元の近畿大学経済学部に進学、東南アジア経済を専攻し、早めに内定を獲得したことから、読書の日々を過ごします。

その中で、もともと興味があった心理学の本で、催眠という分野に出会います。催眠の専門書なども読み、催眠の世界に興味が湧いた城咲さんは、京都にある催眠術のスクールに入学しました。そのスクールの先生が城咲さんにとって生涯の師匠になります。

大学四年の一二月に催眠術のスクールに入学した城咲さんは、就職するまでの四ヶ月間、催眠術の勉強をし、催眠術だけでなく、師匠の指導法などにも大きな影響を受けます。もともと関西には催眠術を学べるスクールがほとんどなく、その師匠も関西の催眠術界では草分け的な存在でした。

当時、経済的に厳しかった城咲さんは、路上で催眠術の実施訓練ができればと考え、関西で大道芸をしている催眠術師の先輩に弟子入り、そこで大道芸を教えてもらう傍ら、催眠術の練習もさせてもらいました。

大学卒業後は、ラーメン店をチェーン展開する企業に就職しましたが、慣れない立ちっ放しの長時間労働は肉体的にもこたえ、結局、四ヶ月後、会社をやめ、実家に戻ってきてしまいました。

その後は、アルバイトをしながら、京都の催眠術のスクールに通学する日々が始まります。スクールには一年半に渡り、週二回ほど通学し、催眠術の世界に再び没頭します。

そんな城咲さんは、帰郷後、半年ぐらいした頃に、ネットビジネスのひとつ、アフィリエイトに出会います。知識を習得した城咲さんは、転職系などのアフィリエイトを展開し、その収入で生計が立てられるようになり、アルバイトも辞めることにしました。

アフィリエイトをしながら催眠術スクールに通学する日々の中で、城咲さんは次第に、「自分でホームページなども作れるし、自分でも催眠術スクールを開校して経営をはじめてみよう。」と考え、帰郷一年後には、独立開業、催眠術師スクールを開校するのです。

スクールを開校した城咲さんは、催眠術のかけ方を教えるグループでのセミナーと、マンツーマンで催眠術を指導するコンサルティングを二本の柱としました。

しかし、アフィリエイト収入でどうにか生活は出来ていたものの、ホームページや検索エンジン対策がまったく機能していない催眠術スクールにはまったくお客様が集まらず、半年間、閑古鳥が鳴き続けました。

そんな途方に暮れた城咲さんは、毎日、ネットに関する書籍を片っ端から読み漁っていましたが、その中で私の「YouTube大富豪7つの教え」に出会います。

年間二〇〇冊の本を読む城咲さんですが、この本を読み終えたときに城咲さんは、「自分にはこれしかない。」と直感したそうです。

二〇一三年一二月、すぐに私に連絡を入れた城咲さんは、コンサルティング契約を結び、早速、指導を受けることになりました。

まずは、催眠術師としてのUSP（ユニーク・セリング・プロポジション。独自の販売提案）を見出すための、私が考案した「魅力発掘シート」に取り組みます。

この演習を通して城咲さんは、自身の売り、強みとして、徹底した個別指導や、動画で復習できる仕組みの提供、セミナーの雰囲気づくりなどを抽出しました。

二〇一四年一月からYouTube動画の投稿を開始した城咲さんは、まず三ヶ月で一〇〇本の動画を投稿し、セミナーの告知をします。

するとYouTube投稿を始める前は、まったく参加者が集まらなかったセミナーが、会費一万五千円の高額セミナーにもかかわらず、六名も集客できました。

城咲さんは、YouTubeの威力を思い知ると共に、今後、更に力を入れてYouTube動画を投稿していこうと決心します。

そのように精力的にYouTube動画投稿を実践する城咲さんに、テレビ局から出演依頼の連絡が入ります。

そのテレビ局の番組制作者は、YouTubeを使って関西地区で活躍する催眠術師を探していたようで、見事に城咲さんのYouTube動画がヒットしたということです。

催眠術師でYouTube動画投稿を実践している人は、全国でも一〇人程度。しかもそのほとんどが三〇本ぐらいの動画投稿です。露出面で圧倒的な一位の城咲さんに白羽の矢が立ったのです。

催眠術の主旨を番組制作者に説明する際にも、YouTube動画が非常に役に立ったそうです。

城咲さんは、テレビ大阪、そして読売テレビと立て続けに二本の番組に出演します。

番組の内容は、芸能人が催眠術を体験するというもので、収録のためにテレビ局に訪問すると、いつもテレビで見ている芸能人から、「YouTubeで見ましたよ。」と声をかけていただき、城咲さんは再びYouTubeの威力に驚きます。

番組放送直後、早速、視聴者からセミナーのお問い合わせが三件届き、その後も途切れることなく、視聴者からの問合せが届いています。

YouTubeでの露出拡大が、テレビ出演につながり、仕事の問合せ獲得に加速をつけたという流れです。

二〇一四年五月からは、催眠術をテーマとしたＤＶＤ教材の開発に着手。教材完成後は、

amazonにて販売を開始し、YouTubeの視聴者がamazonに誘導され、購入に至っています。

特に、このamazonの委託販売は、一度、商品をamazonに納品さえすれば、その後の発送、手続きはすべてamazon側が対応してくれるので、城咲さんは通帳を見るだけでいいという、個人で活動する城咲さんには、ぴったりのシステムです。


「菅谷先生の指導を受けたこの一年半で、私のビジネスは完成形に近づいています。私自身が忙しく働くのではなく、YouTubeが私の分身として催眠術の説明をしてくれるので、私が普段やる仕事は、月一回のセミナーと、たまに依頼があるコンサルをやるだけで、一ヶ月のうち二〇日以上は休みがあるのです。」


YouTubeの実践開始から、売上は二五倍に増加しました。最短、最速のスピードで、最低のコストで業績大逆転を遂げた城咲さんは、自身のYouTube戦略の成功要因について、このように分析します。

まず、他者を非難中傷する発言をしないこと、法律的に問題がある可能性のある発言をしないということです。その観点について、城咲さんは随時、自身のYouTube動画をチェックし、継続的にYouTube動画が機能するように、足元を徹底して見直しました。

次に、反応が良い動画の検証です。城咲さんの動画で反応が良い動画は、催眠術の現場を映している動画です。実際に催眠術をかけている様子を映しているので、城咲さんの催眠術の効果に映像を通して触れることが出来るのです。

そして、今では弟子も多い城咲さんですが、そのコンサル生が催眠術をかけている様子も動画投稿していることから、一層、城咲さんの催眠術の信頼性の裏づけとして役に立っているのです。

このように、催眠術という、他のビジネスと比較すると信頼性の付与が特に求められる業界ゆえに、城咲さんは意識して、動画を活用しながら、不安感の払拭に努めたのです。

城咲さんが技術的に意識したことは、やはりタイトルのキーワードです。

私から指導を受けた通り、自身のビジネスに有効なキーワードを効果的なツールも活用しながら抽出し、それらをエクセルの表にまとめました。

「有効なキーワードは、GoogleやYahoo!の検索エンジンの中に落ちている。」という私からの指導も常に意識して、顧客起点の考え方を忘れずに、城咲さんは丹念にキーワードのリストアップを重ねていきました。

YouTube投稿一年半で城咲さんは、一〇〇〇本の動画投稿を達成しました。

城咲さんの実践が、催眠術業界に与えた影響は大きく、他の催眠術師もこぞって動画投稿を開始しました。しかし、ほとんどの方が、二〇本程度で動画投稿をやめてしまうので、相変わらず城咲さんが業界の中で最も露出が多い催眠術師として認知されています。

また、城咲さんのネット戦略で特徴的なもののひとつは、ステップメール型の「三日間動画セミナー」という企画です。この企画には毎日、二名ぐらいの登録申し込みがあり、かなりの人数が動画視聴をしている人気企画です。

この「三日間動画セミナー」は、城咲さんのYouTube大量動画投稿を経由して登録された受講者ばかりなので、冷やかしではない城咲さんの技術を理解しているファンが多い濃いリストになっています。

この「濃いリスト」は城咲さんの経営的に大きな財産として活用可能で、今後の新企画などの展開時に効果的に使えるはずです。

「二年前は、私のことを知っている人など誰もいなかったと思います。しかし、今では催眠術に興味がある人では、私のことを知らない人はいないくらい知名度が上がったと思います。これもYouTubeの威力です。」

現在は、城咲さんのセミナーの卒業生は一〇〇名を越え、指導を請うコンサル生も多数集まってきています。

城咲さんは、今後、ネット戦略によって集まった濃厚な見込み客リストと、既存客リストを活用して、「催眠術合宿」のような一泊二日で徹底的に催眠術を指導する新しい企画も準備中です。

「菅谷先生のコンサルを受けてみて思うことは、菅谷先生は小手先のテクニックではなく、経営の本質を示してくださるので、私は、それを確信してYouTubeを続けてここまできました。私はその経営の本質を踏み外さなかったために、成功できたのだと思います。自力で試行錯誤した時期もありましたが、それを基盤に、経営やネット戦略の本質を教えてくれたことが、自分の励みになりました。」

二年間の自身の頑張りを振り返る城咲さんですが、今は、以前とは違い、多くのファンが集まり、城咲さんの想いに共感するお客様や仲間との時間がとても楽しくなったそうです。

それは、YouTubeはブログなどと違い、文字だけでは伝わらない想いを相手に伝えることが出来るため、一層共感する方が集まってくるからでしょう。

動画は、閲覧するだけの人が九九人、投稿をする人が一人の割合です。そうした状況の

催眠術師養成スクールin大阪　城咲蓮さん

●YouTube革命者の成功要因

1．動画による信用の裏付け
催眠術の実演の様子など、技術に対する信頼の裏付けを訴求。

2．効果的なフロントエンドに誘導
まず無料メール講座などに誘導し、無理なく見込み客をステップアップさせるしくみ作り。

3．セミナー集客
YouTube動画からセミナーへ誘導し、そこからバックエンド商材の販売に展開。

中、大量に投稿を続けることは、特定分野のナンバーワンになる一番の近道であることを城咲さんは見事に証明してくれました。

若きYouTube革命児、城咲さんは、今後も業界の中に新しい風を巻き起こすために虎視眈々と企画を練っています。

第6章

次の10年勝ち続けるYouTube革命者の条件

1 YouTubeがもたらした革命の本質

ここまで、総額五〇億円の富を生み出した「菅谷式YouTube戦略」の全体像と、その実践成功事例を解説してきました。

五年前までのネット戦略において常識といわれていたものが、随分と様変わりしてきたことにお気づきだと思います。

そして、何より、三章から五章で紹介した一〇人の実践成功者たちの舞台裏をご覧いただいて、好むと好まざるとにかかわらず、まったく新しい成功パターンを「新しいネット戦略の常識」として認めざるを得ないといったのが正直なところではないでしょうか。

今から二三年前、私が学校を卒業して最初に入社した会社は、日立製作所の関連会社でした。

三年半が経ち、家庭の都合で退職した私でしたが、当時二六歳の私はなかなか転職先にたどりつけず、早朝五時から宅配便の倉庫で仕分けのアルバイトをしていました。

ゴルフ場が多い地元の宅配便の営業所の倉庫には、無数のゴルフバックが積まれ、白い息を吐きながら、朝からそれらのゴルフバッグを担いで倉庫を走り回っていました。

そのアルバイトが終わると、プールの監視員のアルバイトに移動です。首から笛をぶら下げてプール内を監視したり、デッキブラシを持ちプールサイドを清掃します。

毎日、一三時間に渡り、朝から晩までくたくたになるまで働いても、一ヶ月の収入が一四万円にしかならなかったことを覚えています。


私は今、「YouTubeで五〇億円を生み出した男」と呼ばれ、毎日のように日本全国各地で講演や、顧問契約を結ぶ企業に訪問し個別指導を提供して、それらの企業の業績アップをサポートしています。

講演会では「明日の成功者」を輩出するために毎回、約一〇〇名の受講者に対してYouTube戦略を伝授しています。

毎日のようにメールで届くYouTube戦略実践者からの「感謝のメッセージ」を見るときは、コンサルタント冥利を感じる瞬間です。

それらの業績アップにより積み上げられた富は、五〇億円を越えました。

総額五〇億円以上の売り上げを創出し、数え切れないほどの企業を救い、喜ばれてきたこの充実感は、インターネットやYouTubeが、もしこの世の中になかったら、まったく感じることが出来なかったでしょう。

デッキブラシを持ってプールを清掃したり、宅配便の倉庫で働いていた頃と、今の私とでは、二〇年の歳月を超えて、信じられないような大きな変化を生みました。

もし、私が生まれるのが二〇年早かったら、私はいまだに宅配便の倉庫やプールサイドで働いていたことでしょう。

でも、現代の最先端のインターネット技術は、ひとりの人生までも大きく変化させるほどの威力を発揮しているのです。

現代の社会では、誠実にビジネスを行っている個人自営業者や小規模事業主が、適切なインターネット戦略を策定し、それに沿って継続的な戦術活動を展開すれば、大きな成果を手にすることができるのです。

一五年前の私のように、築一〇年のアパートの四畳半の一室で、金なし・コネなし・仕事なしの状態で商売を始めたとしても、最短の時間、最低のコストで、起業を成功させることができるのです。

それだけビジネスの構造やしくみが、別世界のように変化したのです。

私がコンサルタントとして、最短、最速で、顧客に五〇億円の富を提供できたのは、インターネット、そしてYouTubeのお陰です。

またその基盤に、経営戦略の鉄則「ランチェスター経営戦略」の学びがあったことも紛れもない事実です。

そうした武器を手にしなければ、手ぶらで戦場に赴くようなもので、まったく勝ち目はありませんでした。

私がコンサルタントとして顧客と共に成功を収めることができたのは、それらの威力のある武器と、効果的な使い方を習得していたからに他なりません。


私が現在、年間五〇件ほどのペースで行っている日本全国各地での講演の中に、新規創業者を対象にした「創業塾」というものがあります。その中で、私は、起業家、ベテラン経営者問わず、経営戦略の基本であるランチェスター経営戦略をベースにしたネット戦略を指導しています。

公的団体主催の講演会ゆえに、「創業塾」の主催者は、過去に講演を担当した講師を継続して起用する傾向がありますが、そんな中で、従来の講師から私に担当講師を切り替えてカリキュラムを組む柔軟な姿勢の担当者は、先見の明があるといえるでしょう。

なぜなら、これまで述べてきたように経営の常識、ネット戦略の常識が大きく変化してきているからです。

（従来の経営の常識でしたら、私が指導した成功事例のように、夫婦二人で経営する年商二〇〇〇万円の会社が、スマホひとつで一年で業績を二億円に変身するなど不可能に違いなかったはずです。）

今後も、一〇年前には想像できなかった、まったく新しいスタイルの起業や経営成功事例が続出するでしょう。

YouTubeがこのように起業の常識を覆してしまうほどの大きな威力を持っているのは、現代の経営において最も重要な営業戦略のひとつ、インターネット上での露出拡大が瞬時に果たせる「加速度的露出力」によるものです。

一般のホームページがGoogleの検索結果に反映されるのには時間がかかりますし、一度に多くのキーワードを押さえていくことも困難です。

また、ブログは文章を書く労力がかかり、それを代わりに代行させるにはコストも発生します。まさに、生まれたばかりの赤ちゃんのような企業が、最短の時間で、最低のコストで、ネット上での最高の露出力を実現するための唯一のツールがYouTubeなのです。

今後、YouTube戦略が成長期から成熟期に入っていくと、活用の応用力や情報発信量などすべての面において高い次元での戦いになっていくはずです。

本書で紹介してきた事例に見習って、肩を並べるような企業も登場してくるでしょうし、これらの成功事例を自社流にアレンジし、独自の戦略を構築していく企業も出てくるでしょう。

しかし、今、YouTube戦略に着手しなければ、その企業の置かれているビジネス環境は「江戸時代」のままなのです。はるか昔の常識を頼りに経営をしなくてはいけないのです。

一〇年後、私の身の回りで起きる現実は、経営者の二極分化でしょう。

一方は、旧態依然の経営の常識を信仰して、業績悪化を外部要因のせいにし、一〇年以内に消えていく経営者。

他方は、ランチェスター経営戦略のような経営原則を重視しながらも、ネット経営の本質を見極め、流行に左右されずに、効果的なツールにのみ時間的な投資を行い、費用対効果的に優れた効率の良い経営を展開する経営者です。

経営不振が原因で私のもとを訪れる経営者の相談を分析してみると圧倒的に、経営の基本原則を勉強していない方、そしてネットを効果的に活用できていない方、または誤った常識のもとネット活用をしていてジリ貧になってしまった方が多いのです。

残念ながら、「あと一年早く、相談に来てくれれば助けることが出来たのに。」と思うような企業も少なくありません。

一見、経営の専門家に見える国家資格者でさえ、経営相談を求める相手としては適切ではありません。

なぜなら、国家資格を取得したものの、契約が獲得できずに経営が傾き、私のもとに多くの国家資格者が経営相談に訪れるのですから。

これからの経営者は、経営の規模や業種を問わず、他力本願ではなく自助努力で、本書で述べてきたような、経営の原則と本質的なネット戦略を常に研究し、現場で実践をしながら、自社に最適な営業戦略を構築すべきなのです。

今、私の提唱する「菅谷式YouTube戦略」も、一〇年後には、すっかりとネット経営の常識として、日本国内の企業経営に定着していることでしょう。

2 これからの動画マーケティングを取り巻く環境

マーケティング、とりわけネットマーケティングの世界は、その先進国アメリカから二、三年遅れでそのトレンドが日本に上陸します。

そのため、私は常にアメリカの動画マーケティング事情に注目し、特に資本が乏しい中小企業レベルで応用が可能な活用事例がないかを常にチェックしています。

大量投稿を基本として裾野の広いスモールキーワードを押さえていく「菅谷式YouTube戦略」は、世界的にもユニークな論理で、同様の動画戦略を提唱しているネットコンサルタントは世界的にも皆無に等しい状態です。

海外の動画マーケティングの成功事例に目を向けてみると、YouTube動画を他のSNSとの連携によって大きな成果を出している事例が多く、YouTube単独活用によっての業績改善事例はあまり目にすることができません。

ですが、低コストでできるネット営業戦略の有効なツールとして、YouTubeは今後もネットマーケティングの主役として注目を集め続けることに変わりはありません。

私の提唱する理論に似た動画戦略で大きく業績を伸ばしたアメリカの中堅企業の事例として、このようなものがあります。

イージー・ケア社（http://www.easycareinc.com/）は、画期的な乗馬用のブーツや乗馬関連用品を製造、販売しています。

同社は二〇一〇年まで、乗馬雑誌への印刷媒体広告に毎年二五万ドルも費やしていました。商品の存在と機能性を馬主に認知してもらい、さらに使い方を理解してもらうために、同社はYouTube動画への取り組みを始めます。

YouTube動画のタイトルに重点キーワードである「ひづめケア（hoof care）」を設定し、その関連キーワードを幅広く押さえていくことにしました。

同社は、スモールキーワードのリストアップとともに、「ひづめケア」に関する様々な動画を撮影していきました。主に動画の内容は、会社紹介、商品動画、ハウツー動画、イベント紹介などです。

同社は、その方針のもと、継続的に大量の動画を投稿していきました。また、動画をすべてのマーケティング戦略に組み込むことを意識し、公式サイト、ブログ、Facebookなどにも動画を活用。撮影、投稿した動画をさらに拡散するための取り組みを行いました。

得られた結果は、目覚ましいものでした。

まず、マーケティング支出を九〇％カットすることができました。これは金額に換算すると年間二〇万ドル以上のコスト削減になります。これは日本円にすると、二四〇〇万円以上の額になります。

YouTubeチャンネルの再生回数は七〇万回を超え（本書執筆時）、Facebookページの「いいね」が一万五〇〇〇件に増加、ブログの月間訪問者数も一万六〇〇〇件を超えるようになりました。

それに比例してブランド認知度が向上し、優良顧客が増加、最終的に商品売上が飛躍的に増加したのです。

このように、特定分野に絞った商品を展開している企業については、国内外を問わずYouTubeをネット戦略の主軸として活用して、業績アップの結果が続出しています。

ランチェスター経営戦略の観点からも、企業の成功は、商品、エリア、客層ターゲットの絞り込みが必須であることは、言うまでもありません。

今後も、業界やエリアごとの成功事例が、全世界的に登場するに従って、YouTubeというツールの威力と、経営戦略の重要性が改めて注目されることでしょう。

五章で紹介した特殊塗料販売（株）スケッチの高堰さんの事例は、商品がある特定分野に絞ってトップクラスの品質であれば、YouTubeを活用して海を越えて市場に受け入れられることを証明してくれました。

これは、海外でも通用する商品を持っている企業や、海外から人を呼ぶことができるだけの魅力あるサービスを保有する企業にとって、福音となるに違いありません。

たとえば、高い技術力を持つ部品加工ができる製造業や、海外からの観光客をさらに呼び込みたい観光地などが該当します。

このようなYouTube活用の国際展開は、今後も様々な成功事例を輩出しそうです。

また、三章の事例でご紹介した高橋貴子さんや五章で紹介した奥野文夫さんのように、見込み客の獲得以外の、見込み客のクロージングや既存客のフォローアップへの活用など、元来動画の持つ特性を最大限に生かした活用が、中小企業の新しい動画戦略として注目を集めていくと思われます。

ソーシャルメディアなどのツールが成熟してくると、次の段階では、その応用力が成否を分けるポイントになります。

それはちょうど、ブログやメルマガの登場後、次第に時間とともにその活用における応用力やコンテンツの持つ力によって、成果に差が表れ始めたのと似ています。

メルマガも、最近では、ステップメール形式でストーリー仕立てにして連続的に配信したり、文面の中に動画へのリンクを埋め込んだりして、その内容を立体的に伝えるといった形に進化しました。

ブログも、単なる日記ではなく、検索対策を前提とした使い方や、自社サイトのコンテンツを増強するための活用など、登場から一〇年が経ち、活用法が進化しています。

YouTube動画もまったく同じで、今後、YouTubeはネット社会に定着しながらも、ビジネス活用においては、次第にその応用力やコンテンツの品質の高さが重要なポイントになっていくことでしょう。

重要なのは、YouTubeというツールの目新しさではなく、ビジネスの全体戦略の中にどのようにYouTubeという効果的なツールを機能させていくかということと、YouTubeを使って伝達すべきコンテンツは何かということなのです。

ツールそのものに威力があればあるほど、その戦略的な活用が成否を分けるポイントになるのです。

3 明日からの実践ステップと中小企業・起業家への応援歌

本書の三章から五章までのYouTube戦略実践成功者の事例をご覧になって、全社に共通する成功要因があることにお気づきでしょうか。

・インターネットやYouTubeに関する技術や専門知識でしょうか。
・YouTube戦略を実践するための優秀な人材でしょうか。
・動画を撮影、投稿するための高価で高性能な機材でしょうか。

いいえ。すべて違います。

過去、通算八〇〇〇社にYouTube戦略を指導してきた私が見る、YouTube戦略成功企業の条件として最も重要なポイントとは、「継続習慣化と実践力」なのです。

たとえば、三章で紹介したビ・ハイア（株）の清水さんは、朝礼後すぐ一日五本の動画投稿を社員に義務づけ、動画投稿が出来ていない社員は営業に出かけることも出来ません。

また、同じく三章で紹介した（株）MURATAの村田さんは、現場に行くスタッフには必ず動画の撮影をしてくることを約束として、撮影を忘れた際には、再度、現場に行き撮影をしてくるように命ずる徹底ぶりです。

つまり、YouTube戦略を、「やっても、やらなくても同じ。」、「やらなくても、お咎めなし。」という雰囲気で取り組むのではなく、すべての業務に最優先の姿勢で取り組んでいる企業が、結果的に長期にわたり継続的な投稿実践ができているのです。

よく、「クレーム対応はすべての業務に最優先」という張り紙が事務所に張られている企業がありますが、「菅谷式YouTube戦略」の実践企業にあてはめれば、「YouTube投稿はすべての業務に最優先」ということになります。

前著「YouTube大富豪７つの教え」で紹介した、年商二八〇〇万円、利益ゼロという散々な業績をYouTube戦略によって一年後に年商一億二〇〇〇万円、二年後に年商二億円にした自動旋盤販売商社の（株）鈴喜の鈴木佳之さんの事務所の壁には、「YouTube一日三本」、「継続は力なり」という張り紙が貼られています。

「自動旋盤　中古」とGoogle検索をすると、鈴木さん夫妻が投稿したYouTube動画が表示されますが、その動画の背後にそれらの決意にあふれた貼り紙を見ることが出来ます。

YouTube戦略を社内に定着させ、大成功を収めている企業は、その実践に対しての姿勢が人並み外れて真剣なのです。

「YouTube戦略はすべての業務に最優先」の姿勢で実践に臨み、更に効果的に成果を出すために、私が勧めているもののひとつとして、「月次管理一覧表」があります。

この「月次管理一覧表」は、縦軸に年月、横軸には「予定投稿数」と「投稿実践数」を設けた非常にシンプルな表です。

たとえば、二〇一五年一〇月には、八〇本の動画投稿を目標とすると、「予定投稿数」の欄に「八〇」と記入します。月末には、その月に投稿した動画をカウントし、「投稿実践数」の欄に記入します。

それによって、たとえば、月間八〇本、年間九六〇本の動画投稿を目標として取り組むための、月次進捗確認が出来るのです。

人間は元来、怠け者です。事情の許す限り自分を甘やかしてしまうものです。

私は二五年前のボクサー時代に、体重管理が厳しく求められる世界にいましたので、二ヶ月後の試合日に向けて、計画的に体重を減量することを求められました。

試合の制限体重が六〇キロ以下のライト級で、試合がないときの私の普段の体重が六九キロです。計量時に一〇〇グラムでもオーバーすれば失格になってしまいます。

私は、二ヶ月で九キロの減量をするために、トレーナーから渡された管理表に従って、「試合一ヶ月前までに六五キロ」、「試合二週間前までに六二・五キロ」など目標設定し、計画的に減量をしていったのです。

なので、私は九キロの減量に毎試合取り組んでいましたが、計量でリミットをオーバーすることは一度もありませんでした。

その管理表がなければ、おそらく甘いものが好きな私は、ギリギリまでアイスクリームやケーキなど甘いものを食べて、体重を計画的に減らすことが出来ずに、試合間近になって急激に無理な減量をしてコンディションを崩し、満足のいく試合をすることなどできなかったでしょう。

そうした人間の習性を理解しているからこそ、厳格な社内管理体制を作るために私が用意したのが、この「月次管理一覧表」なのです。

私が、毎月訪問しコンサルティング指導している企業には、この「月次管理一覧表」の記入と提出を義務づけ、コンサルティング時には投稿した動画の内容やタイトルよりも、最初にこの投稿数を厳しくチェックします。

なぜなら、数は質を凌駕することを、過去の「菅谷式YouTube戦略」の成功者たちが証明しているからです。

私はコンサルタントですから、時には叱咤激励し、時には冷静に戦略を分析することで、お客様である企業の業績アップを支援することが仕事です。

単に技術、知識を分け与えるだけでなく、結果を出すためには、このような半ば強制的な環境を作り、常に意欲的に日々の実践事項に取り組めるような雰囲気と、その企業内に実践力が飛躍的に向上するしくみを作り、私のコンサルティング契約期間が終了した後も、そのしくみがお客様企業の組織内に定着することを目指しています。


月例のコンサルティングの時間以外でも、お客様の企業のスタッフとは毎日、情報共有システム「チャットワーク」を活用して、定期的な進捗確認、生じた疑問への回答などを行っています。

YouTube戦略の実践の取り組みが進むにつれて、スタッフが問い合わせや注文、契約の獲得に手ごたえを感じたり、スタート時と比べて意欲的に取り組むようになったりする様子を「チャットワーク」を通して感じ取れるときに、私はコンサルタント冥利に尽きる喜びを感じています。

最後に、YouTube戦略を大成功に導く重要な方法を教えましょう。

それは、明確な成功イメージを持つということです。

「YouTube動画を一〇〇〇本投稿したら、どのようなことが起こるのか。」

「YouTube動画を一万本投稿すると、業界の中で自社はどのようなポジションになるのだろうか。」

など、具体的なイメージを持つことです。

その将来像がイメージできたら、自身や会社がどのような状態になっているか、絵に描いてもいいですし、近いイメージの写真があれば、それを壁に張ってもいいでしょう。

すると成功のイメージが、脳や全身に刷り込まれて、その人の行動に表れ、将来について何もイメージを持たない人と比べて格段にその実践力や結果に差が出るのです。

私は、YouTube戦略の第一歩を踏み出そうとしている人に、そうしたアドバイスを送っています。

若い頃にお世話になった私の師匠の言葉に、このようなものがあります。

私はいつも、その言葉を自身に言い聞かせ、そしてまた、お客様である企業の皆さんにも同じメッセージを伝えています。それは、このようなものです。

「宝の地図を手にして成功する奴は、その地図を握りしめて迷わず走り出すことができる奴なんだ。成功しない奴は、その地図を手にして『この地図は果たして本物だろうか』といつまでも立ち止まって眺めている奴だ。お前はどっちだ。」


本書に登場した一〇人の「革命者」たちは、YouTube戦略という「成功への片道切符」を手にしたときに、その真偽を確かめる前に、迷わずに走り出していた人たちなのです。なので、同じ業界、同じ地域の中で、誰よりも大成功を収めることができたのです。

私は群れをなさない一匹狼のコンサルタントです。大手コンサルティング会社のような大きな看板も、組織という後ろ盾もありません。

これまでのお客様である小さな会社の経営者たちと共に頭と身体にたくさんの汗を流しながら築き上げた独自のノウハウが、私の財産です。

そんな世界一小さなコンサルティング会社に、なぜ日本全国から依頼が舞い込み、お客様の行列ができているのでしょうか。


それは、結果を出しているからです。

私のような一匹狼のコンサルタントは、業績アップという結果を提供する腕前がすべてだからなのです。

頼れるのは、目の前の小さな会社に対して、最短の時間で超低コストで最大の利益を生む会社に変貌させる、私の腕一本なのです。

この本をお読みの方の中には、ちょうど一五年前の私のように、金なし、コネなし、仕事なしで、創業したばかりの経営者もいるかも知れません。

ですが、大企業以上の志を持って独立開業した起業家や小さな会社の経営者に対して、私はこのように現在のインターネットマーケティングにおいて最大の威力を持つYouTube戦略を使って、夢と希望にあふれる経営が実現できる素晴らしさを伝えたいのです。

今、まさに経営に苦しんでいる方、夢と希望を持って独立開業した方、これから自分の才能と意欲に賭けて経営の道に飛び込もうと考えている方。

そんな方々に、机上の空論抜きの、実証済みの戦略、ノウハウというプレゼントを贈ります。

誠実に事業に取り組むすべての中小企業、ビジネスマンの大成功を祈っています。

あとがき　～後楽園ホールの奇跡から学んだ心で～

今から八年前の二〇〇七年七月一八日。

ボクサー時代の古巣、宮田ボクシングジムに現役引退後も出入りして、所属するプロボクサー内藤大助選手の広報プロデュースを担当していた私は、後楽園ホールにいました。世界フライ級タイトルマッチ、挑戦者の内藤選手が世界王者に挑戦をする日です。

過去に二度の世界王者への挑戦が失敗に終わっていた内藤選手は、三二歳という年齢的にも最後のチャンス。まさに背水の陣です。

対するチャンピオン、タイのポンサクレック・ウォンジョンカム選手は一〇年間負け知らずの強豪でこれまで一七度防衛を続けている絶対王者。内藤選手の挑戦も過去に二度、退けています。

下馬評は、圧倒的に内藤選手が不利。

その証拠に、放映を担当してくれるはずのテレビ局が降りてしまい、スポンサーも集まらず、試合を開催するために必要な経費が不足して、試合開催さえ危ぶまれる状態でした。

私もネット上で、一般のファンから一万円のカンパを集めるための告知を続けました。

そして、やっとのことで迎えた試合当日。

「奇跡」が起きました。

試合序盤からの先制攻撃が奏功した内藤選手が、自分のペースで試合を進め、終盤のピンチもなんとかしのぎながら、大番狂わせで判定勝ち。見事、世界王者に輝いたのです。

それ以降、「国民的人気者」として活躍したのはご存知の通りです。


その「奇跡」の舞台裏を挑戦者陣営のひとりとしてつぶさに見ていた私は、このように感じました。

「奇跡って、突然起こるんじゃない。奇跡って、このようにして起こるべくして起こるんだ。」

私は、今、絶望的な業績の中小企業を短期間で逆転させるという「奇跡」を演出する仕事をしています。

人は、その予想外のストーリーを後から「奇跡」と呼びます。

本書で紹介した業績大逆転事例の企業の方々についてもそうです。

しかし、その中で戦っている小さな会社の経営者やボクサーにとっての一日や一ラウンドは、ひとつの小さな可能性を信じて真剣に戦う「物語」なのです。

私の仕事は、打ちのめされてコーナーに帰って来たボクサーに、次のラウンドから勝利を手にするための的確な助言、合理的な勝ち方のルールを教え、時に叱咤激励を飛ばすセコンドに似ています。


「いいかい。このパンチが有効だから、多用していくんだよ。」

「相手はこんなことを考えているよ。こっちはこのように考えて動かないと駄目だよ。」

私が今日、コンサルタントとして中小企業に授けている助言は、私がボクサー現役時代の試合中にセコンドのトレーナーから受けた助言のようです。


たった一分間の休憩時間で、優秀なセコンドやトレーナーのひとことの助言によって、圧倒的に劣勢だった試合展開が逆転し、予想外の結果を手にしたボクサーの姿を、私はこれまでに何度も目にしてきました。

明日からの人生に、前日までの絶望は関係ないのです。

まるで、前のラウンドまで劣勢だったボクサーが、次のラウンドのたった一発のパンチで試合のすべてをひっくり返してしまうように。

「絶望からだって奇跡は起きるんだ」

ということを、八年前の内藤選手の戦いから私は教わった気がします。

そして、その学びを今日、コンサルタントとして企業と向かい合うときに大切にしています。

「奇跡のような大成功への第一歩を踏み出そう」

私は、今、経営に苦しんでいる小さな企業にそのように呼びかけたいと思います。


本書の出版にあたりましては、本当に多くの方々のご協力をいただきました。この場を借りて御礼を申し上げます。

本書の成功事例としてご登場いただきました（株）MURATAの村田豊社長、（株）きづな住宅の川島大社長、アトリエリブラの高橋貴子代表、ビ・ハイア（株）の清水有高社長、ふじえだ整体の近藤諭代表、鐘百繊維工業（株）の山本和弘社長、HI-LINE22（株）の平井宏治社長、（株）スケッチの高堰督裕取締役、奥野社会保険労務士事務所の奥野文夫代表、催眠術師養成スクール・in大阪の城咲蓮代表、お忙しい中を取材のお時間を頂き貴重な体験談をお聞かせ頂きありがとうございました。これからYouTube戦略に取り組む経営者にとって力強い伴走者になっていただけると思います。本当にありがとうございます。

本書の装丁をデザインしていただいたデザインガンバの木村徹さん。また、「ネット経営逆転の法則」、「YouTube大富豪7つの教え」に続き、私に出版の機会を与えていただきました、ごま書房新社の池田雅行社長、よりよい内容にするために丁寧に私をリードしていただいた編集部の大熊さんには大変お世話になりました。

今、私が一番伝えたいことを世の中に向けてお伝えする本を出版することが出来ました。本当にありがとうございました。

また、夏休みや週末の家族サービスも疎かになる中を我慢して書籍の執筆を見守ってくれた家族。いつも本当にありがとう。

そして最後に、二〇一〇年五月にお亡くなりになるまで十三年間にわたり、私と二人三脚で全国の中小企業を素晴らしいサイトデザインで支えていただいた、一関秀憲さんにこの本を捧げます。これからも天国で見守っていてください。

二〇一五年八月吉日　講演先の静岡県磐田市にて

菅谷信一

YouTube戦略をこれから始める方へ

5日間無料動画セミナー
「YouTube1億円ビジネス革命」

菅谷信一がYouTube戦略の極意について5日間にわたって無料動画セミナーを配信します。本書と併せて繰り返し学習することで、YouTube戦略がより正確に理解できます。ぜひ登録の上、ご視聴ください。

www.sugaya-shinichi.com/5step/

YouTube365日実践メール配信サービス

菅谷式YouTube戦略をあなたのビジネスに定着させるため、毎朝4時にあなたにお届けする継続習慣化支援メールです。メールに書かれた撮影題材に従ってYouTube投稿をすることで、ネタ切れの壁を乗り越え、YouTube大量投稿を実現します。

www.youtube-365.com

著者略歴

菅谷　信一（すがや　しんいち）

株式会社アームズ・エディション代表取締役。YouTube戦略コンサルタント。

1969年茨城県生まれ。獨協大学外国語学部卒。（株）日立製作所関連会社人事課勤務を経て、福祉施設「社会福祉法人茨城福祉工場」にて障害者のための事業企画に従事。WEB企画制作業を事業化した経験を活かし、2001年にホームページ制作・営業コンサルティング会社として独立創業。ネットとアナログの融合による低コスト顧客獲得術、営業戦略立案により、資金のない倒産寸前の零細企業の業績を短期間で改善することを得意とするネットコンサルタント。

業界キャリア18年で480件のプロデュース・サポート実績は、ノーベル賞を輩出する国家研究機関、一部上場企業、ボクシング世界王者から個人商店、農家まで多岐に及ぶ。著書に『YouTube大富豪　7つの教え』（ごま書房新社）『あなたが先に儲けなさい』（経済界）ほか多数。また、帝国データバンク「週刊帝国ニュース」にて「超アナログ発想で診断する企業ホームページ向上講座」を連載するほか、講演会・セミナー講師など精力的に活動中。

■著者ホームページ（取材・セミナー依頼はこちら）
・（株）アームズ・エディション
　http://www.arms-edition.com
・YouTube1億円ビジネス革命5日間無料セミナー
　http://www.sugaya-shinichi.com/5step/

YouTube革命者“異次元”の稼ぎ方

著　者　菅谷 信一
発行者　池田 雅行
発行所　株式会社 ごま書房新社
〒101-0031
東京都千代田区東神田1-5-5
マルキビル7F
TEL 03-3865-8641（代）
FAX 03-3865-8643
カバーデザイン　木村 徹（デザインガンバ）
印刷・製本　精文堂印刷株式会社

ISBN978-4-341-08623-7 C0034